体系的・科学的「価格創造」で価値を利益に転換する

マッキンゼー
プライシング

山梨広一／菅原章【編著・監訳】
村井章子【訳】

McKinsey&Company

ダイヤモンド社

はじめに

本書は、世界各国のマッキンゼー・アンド・カンパニーのマーケティングのエキスパートたちが、日頃のコンサルティング活動の経験と自主的な研究の成果に基づいて、「プライシング」の基本的な考え方や具体的な手法を示した論文をまとめたものである。いわば、価格とそのマネジメントについて体系的、科学的に取り組むための基礎や道具を幅広く紹介するものである。現在、多くの日本企業にとって、価格をいかにマネージするかが喫緊の課題となっており、そのタイミングでこうした内容をご紹介することは意義あるものと考える。

なぜ、価格に体系的、科学的に取り組むことが日本企業にとって意義あることなのか。それは、価格の重要性が増す一方で、価格のミステリーに惑わされているケースが多いからだ。

一九九〇年代半ばから、「価格破壊」という言葉がマスメディアなどを席巻し、廉価が美徳とされる傾向が続いている。しかし、その裏側で価格のとらえ方が平板になり、日本企業の競争力や収益性にマイナス影響を与えてしまった面も否定できない。こうした流れから抜け出すために、価格マネジメントを改めてとらえ直すことが非常に重要となっている。その背景を三つの切り口からみてみよう。

まず、収益への直接的貢献だ。もともと価格が収益に与えるインパクトは非常に大きいものだが、価格破壊とリストラという流れのなかで、多くの日本企業の収益がコストや効率の改善に頼る割合が増加した。そのこと自体は批判されるべきものではないが、その継続だけでは収益向上に限界がみえてしまうし、拡大再生産は生じてこない。やはり、販売ボリュームを増やすとともに低価格だけに頼らない販売を生み出し、売上げを成長させることが必須の課題となっている。

次に、商品やサービスの質の問題だ。決して低価格イコール低品質ではないが、より高い価格を取れる商品を開発、調達するという意思を持つことが重要になる。現在の市場環境においてそのような目線を持つことによって、イノベーションが生まれてくるのではないだろうか。価格を取ろうと思うと、未充足の重要なニーズのありかを求めて顧客に対する理解を深めなければならず、それがイノベーションにつながるのである。価格破壊では、顧客をマスでしかとらえない事態に陥りやすい。

第三に、経営や組織のマインドセットという視点がある。価格低下とコストダウンへの対応に追われて活力を失いがちだった多くの日本企業における風土一新のきっかけとして、高い商品と安い商品の並存を本格的に追求する経営への転換を図る時期にあるのではないだろうか。

もう一つ大事なポイントが、価格の持つミステリーだ。対象とする市場が縮小したり業績が低迷したりしている企業ほど価格の不思議さに惑わされ、価格に振り回される傾向がある。価格のミステリーは多面的だ。たとえば、価格破壊と高価格需要の並存。価格破壊の申し子のような大手家電量販店で、数十万円もする液晶やプラズマテレビが大量に売れている現象。スターバックスとドトールコーヒーの並存ということもある。

また、顧客の価格感度も単純ではない。「安くても売れない」と言われる時代が始まって久しい。大幅値引きが大量の顧客を引きつけた後で、結局一定期間での販売は増加していないといったことも珍しくない。数年前のことになるが、ユニクロのフリースが市場を席巻した。では、ユニクロより廉価で投入された各社のフリースはどの程度売れただろうか。

価格にはまったく違うミステリーもある。それは価格の実態だ。どれだけの企業が自社商品の価格を把握しているだろうか。特にメーカーの場合、最終顧客の手に渡るまでに販売代理店、卸、小売りなどさまざまな第三者が介入するために、自社がトレースできるのは自社からの納入価格だけということも少なくない。それとても、リストプライス、伝票価格、○○値引き、△△リベートなどが乱立し、いったい何がいくらでどうなっているのか、それぞれの値引きやリベートの意味や効果は何なのかということになると、不明瞭であるのが実態ではないか。まして、そのどの部分を自社がコントロールできているかということになると、まったく覚束ないだろう。

このようなものを代表として、価格は多様な謎と不思議さを秘めている。こうした特質を持つ価格を適切にマネージするうえでカギとなるのは、これまでの慣行や目の前の現象にとらわれずに、体系的、科学的にアプローチすることである。

以上のような背景のもと、日本企業が価格マネジメントをとらえ直す意義は増している。本書で紹介する考え方や具体的な手法が、そうした取り組みの一助となることを願っている。

二〇〇五年一月

山梨広一
菅原　章

◉目次◉

マッキンゼー　プライシング

Chapter 3 プライシングの威力

Chapter 4 プライシングに規律を

Chapter 5

最適なプライス・バンドを考える

Chapter 6

プライシングと営業：マッキンゼーによる調査――顧客管理とチャネルマネジメント（二〇〇二年度）

Chapter 7
新製品のプライシング

Chapter 8
規制緩和と価格戦争

Chapter 9 合併後のプライシングに存在する隠された価値

Chapter 10 確実なプライシングの実行に向けて

Chapter 1

The age of creating pricing power

価格創造の時代

山梨広一

【著者紹介】

Hirokazu Yamanashiは、マッキンゼー・アンド・カンパニーの東京オフィスのディレクター。

本稿は、本書用の書き下ろし論文である。

おそらく、すべての企業、経営者、企業人が、価格は重要だという認識を否定することはないだろう。だれもが、企業収益や商品の競争力にとって、価格が持つ重要性は非常に高いと答えるだろう。しかしながら、実際の経営や事業活動において、その重要な価格をマネージすることを十分に重視しているとは言えない状況が少なくない。

図表1-1を見ていただきたい。これは、二〇〇三年度における東証一部上場企業の損益構造の平均値に基づくシミュレーション結果である。価格が一％改善すると営業利益は二三・二％も向上する。また、価格を五％引き下げた場合には、引き下げ前と同等の利益を確保するためには二〇・二％の売上げ増加が必要となる。言い換えれば、五％値下げにより拡販を図る戦略は、二〇％以上の拡販を実現する見込みがないと割に合わないということだ。

二〇％は小さな数字ではない。成熟した市場においては、かなり高いハードルとなろう。この単純な試算からも価格の持つ重要性は確認される。にもかかわらず、日常の企業活動において価格は十分にマネージされているとは言いがたい。

本章では、多くの日本企業において価格マネジメント上の何が不十分なのか、価格はどうマネージすべきか、その結果どのような成果が期待されるのかについて、概略を紹介し、第二章以下のプライシングの具体論の序論としたい。

図表1-1　利益改善機会の比較—東証一部上場企業の平均

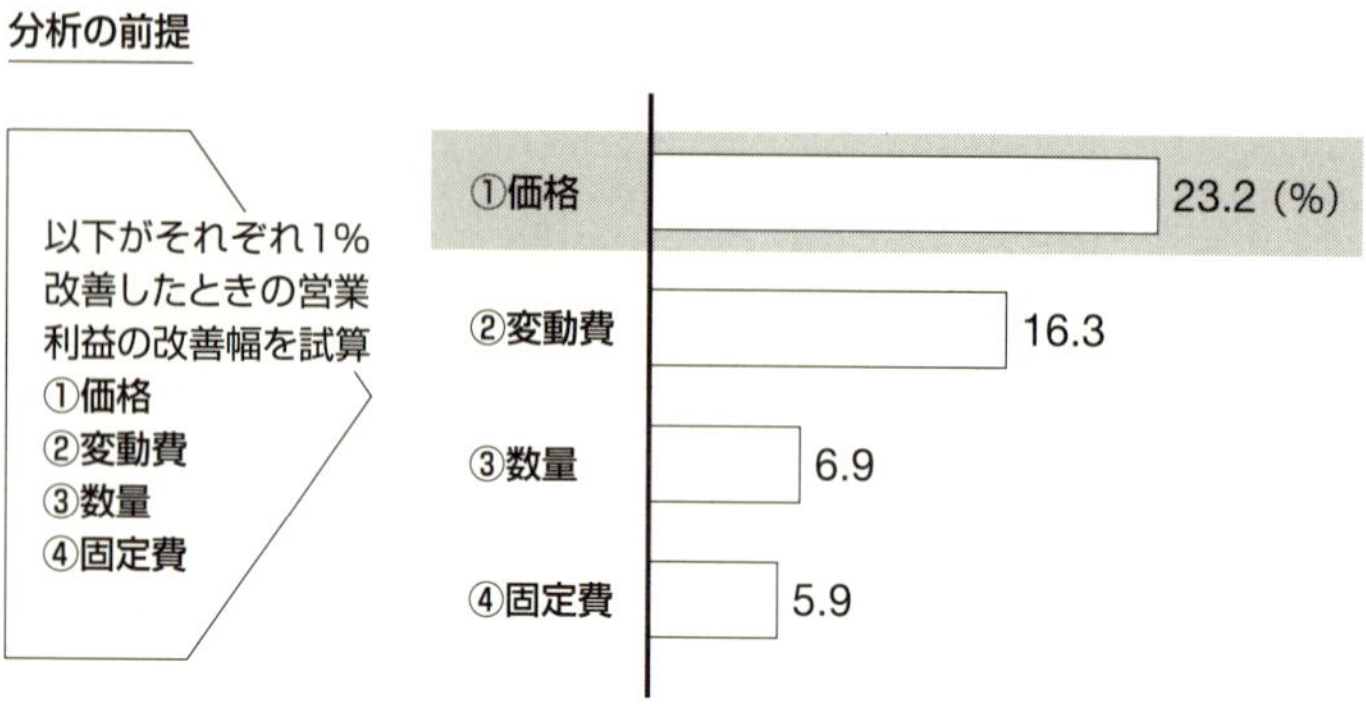

資料：日経フィナンシャルクエスト

現在多くのケースで散見される価格マネジメントの問題点は、三つある。バブル崩壊から長く低迷する日本市場において、「価値創造」がキーワードとして注目を浴びてきた。商品やサービスの価値を重視し、価値創造を目指すことは大切なことだ。こうした市場環境では、新たな価値を生み出していない商品は売れることすらない。しかし、この「価値創造」指向が価格マネジメントに関する誤解を引き起こすケースが少なくない。その結果、価格マネジメントが十分に行われていない状況を生み出している。これが第一の問題だ。それでは、問題を引き起こす誤解とはどのようなものなのだろうか。

まず、価値創造を目指す際、高い価値を

生み出せば価格は自然についてくるという考えが生まれがちだ。その結果、どのようにしてより適切な価格を実現できるかという点がおろそかにされてしまう。極端なケースでは価格が結果論になってしまう。

たとえば、非常に革新的な冷凍食品を開発しても、その商品の革新性による価値創造だけに注力しすぎて、最適な価格を実現する方法を周到に検討せずに上市すれば、毎週一回冷凍食品を値引き販売する量販店チャネルに大量の商品が流れ、せっかくの新製品がごく短期間のうちにコモディティ価格で販売されてしまう可能性が高い。もっとまずいケースでは、適切な価格の達成を考えることなしに開発した商品は、当該企業が創造したと自負している価値が、実は顧客にはたいした価値と認められないという結果をも招いてしまう。生み出したと自負する価値が価格上いくらの付加になりうるのかを真剣に検討しない結果、企業の独りよがりの価値創造に陥るリスクがある。

第二の問題は、顧客任せ、競争任せの姿勢だ。「顧客が低価格を求める時代だから、自社が意図するような価格にはならない」「競合が○○まで値下げした以上、当社の価格も同等かそれ以下にするしかない」といった口実のもと、自社による価格マネジメントを半ば放棄しているケースは少なくない。

確かに、価格破壊、デフレの経済環境が続いている。全体の傾向としてどの顧客も低価格を求めていることは事実だ。しかしその一方で、価格プレミアムを享受し、頻繁な値下げを回避できているブランドや商品も多く存在している。多くの清涼飲料が自動販売機で一二〇円で売られているのに、一六〇円で販売できる飲料が存在する。購買コスト管理が非常に厳しい自動車メーカー向けに、価格ディスカウントを一切行わない部品商社も存在する。競争についても、毎日のオペレーションとしては競合の価格に対応できないと顧客を失うといったことがしばしば起こる一方で、戦略レベルとしては、競合品を明らかに上回る価値を持った商品は、競合の価格に引きずられることなく、独自の価格帯を維持している。こうした可能性を追求することなく、顧客任せ、競争任せの価格戦略を継続する企業は、収益の取りこぼしを起こすだけでなく、市場における優位なポジション、競争におけるリーダーシップをも喪失してしまう。

三番目の問題は、組織能力の育成不足だ。価格マネジメントは、結果を予測しながらの戦略決定だ。同時に経験に基づく戦術管理も重要となる。にもかかわらず、価格に関するこうした能力を組織的に育成していこうという企業は非常に少ない。価格マネジメントには、過去のデータの蓄積と分析、過去の経験の組織的ラーニング、カギとなる能力や人材の育成が重要であるのに、日頃こうした点には注力せずに、必要になった際ごとに対応しているのだ。これでは価格マネジメントに対する組織能力はまったく育成されない。

試みに自分の会社、職場の現状をチェックしてみていただきたい。重要な価格戦略決定の際に、参考となる過去の価格改定時のデータを体系的に活用しているか。そもそも価格改定時にそのインパクトを分析的に評価しているか。その際のデータをだれがどのように蓄積しているか。価格マネジメントのスキルを持った人材はだれなのか。そうした人材を意図的に育成しているか。多くの企業で、これらに対する答えは満足いくものではないだろう。

こうした三つの問題が相まって、非常に受け身的な価格マネジメントになっている日本企業は少なくないはずだ。本来は、収益に与える影響が非常に大きい価格マネジメントにはもっと能動的、積極的に取り組む必要があろう。

価格創造の取り組み

需要低迷、デフレ、リストラ、再生の時代などという言葉が飛び交ういまこそ、価格マネジメントへの取り組みを抜本的に転換すべきタイミングにあるのではないだろうか。

受け身の価格マネジメントから抜け出し、自社が目指す価格を実現する「価格創造」を目指す時期が到来しているのだ。

価格を創造するためには、自社がターゲットとする顧客の行動やニーズを独自の視点で理解し、そのニーズを満たす商品やサービスの提供価値とそれに見合う価格を的確に設計し、そのうえで狙った価値と価格の双方を確実に実現する事業上の機能や仕組みを構築し、対象顧客に対して価値と価格のバランスを効果的に伝えるという一連の能力が求められる。

したがって、価格マネジメントだけが優れていても、価格創造は実現されない。しかし、優れた価格マネジメントがその起点となることも事実である。価格を創造しうる価格マネジメントを実践していくことを通じて、本当に顧客に価値を提供できる商品やサービスの開発、効果的な顧客コミュニケーションなども促進される。

このような優れた価格マネジメントを行う組織能力を身につけるためには、三つの切り口がポイントとなる。

◉能動的に、積極的に

第一に、マインドセットの転換だ。価格マネジメントにおいては、競争に振り回されること、あるいは顧客に振り回されることは敗北だ。競合の動きや顧客の声に着実に反応していくだけが優れた価格戦略ではないと認識することが、不可欠な第一歩である。

「需要が低迷し低価格指向が強まる市場において、価格の引き上げは不可能な話だ」「競争相手が価格を変更したら、我々も追随しないとシェアを失ってしまう」……こうした声が社内に充満しているのが現状ではないか。前述したように、日々のオペレーションにおいてはそれが事実であり、常道かもしれない。しかし、だからこそ、戦略レベルでは価格に関する主導権を何とか自社に取り戻すことが重要であり、それは可能であるという意識を持つことが優れた価格マネジメントへの必須条件となる。

そのうえで、価格マネジメントに対して自社が積極的に取り組むことが次のステップとなる。競争や顧客に振り回されないというのは、ブランドや商品力に頼って価格戦略をないがしろにするということではない。プレミアム価格を享受し、競争や顧客の動向にはお構いなしにこれまでの価格を維持し続ければよいのではない。もっと能動的に、そして値付けだけではなく、事業システム全体を使って、目指すべき価格を創造することが真の価格マネジメントであり、成熟した日本市場において多くの企業に求められているものなのである。

◉科学的に、分析的に

価格というものは数字であり、事業運営のなかで最も定量的、論理的に扱いうるもののはずだ。本章の冒頭に示したような値下げと利益確保のための販売増加のシミュレーションもそうだし、もっと単純に競合品との価格差、顧客ごとや販売チャネルごとの価格の違いなど、すべて数字である。にもかかわらず、実際の価格マネジメントは、感覚的、情緒的なものに大きく影響されているのが実態だ。

販売量を落とすから追随値下げは不可避という簡単な結論、価格破壊の名のもとの大胆な値下げ、長い歴史の弊害としか言いようがない多様かつ重複したリベートなど、いずれも十分な検討が加えられないまま、これまでの定石や慣行が継続していくことが少なくない。価格の重要性とその特性から考えると、こうしたアプローチでは大きな機会損失が生じている可能性が高い。優れた価格マネジメントの二番目のポイントは、総合的な判断を下すまえに、事実に基づき分析的かつ論理的な検討を尽くすことにある。

まずはデータの有無だ。最新の重要な事実を把握しているかという点だ。図表1-2に、価格マネジメントを行う際に必要と思われる情報を列記した。自社や自部門の実態に照らしてみていただきたい。あなたの会社や部門は、どの程度このリストを充足している

図表1－2　**価格マネジメントに必要なデータ**

価格	小売価格／最終納入価格	●商品・顧客ごと ●推移
	自社からの出荷価格	●商品・顧客ごと ●推移
	出荷価格に至る構造	●商品・顧客ごと ●各リベート、値引きなどの数値と算出方法
業績	販売数量・金額	●商品・顧客ごと ●推移
	収益・コスト	●商品・顧客ごと ●コスト項目ごと
競合 **（推定も含め）**	価格	●小売価格／最終納入価格 ●出荷価格
	業績	●販売数量・金額 ●コスト構造

だろうか。もちろん、この業界では○○のデータは入手しにくいとか、わが社の場合△△をきちんとアップデートしていくのは不可能に近いとか、各業界、各社の事情はあるだろう。だからといって本来必要な情報がなくてもいいということではないし、なかなか入手しにくいデータだからこそ、自社がそれを蓄積、分析することができれば差別化につながるはずだ。データの持つ価値は大きい。たとえば、顧客別、販売チャネル別の価格や収益性が体系的にそろっただけで、営業部門の行動様式に影響を与え、全体収益が改善されたケースは少なくない。

次のポイントは、直感、定石、経験則に頼りすぎることなく、重要な点については実際に分析してみることである。競合が値下げを実行したから自社の売上げが停滞しはじめたという判断の前に、自社商品を買わなくなった顧客はどこへ行ったのか、当該の競合に移ったとしても、それは価格だけが理由なのか、といった分析なしに結論に飛びついてはいけない。同様に、価格と需要との関係を示す価格弾力性について自社でデータを蓄積することなしに、値上げイコールシェア喪失、値下げイコール販売増加といった短絡的な考えは危険だ。常識や定石にとらわれることなく、顧客の声や行動、過去のデータ、将来についてのシミュレーションなどを駆使し、戦略判断を左右する点については分析的な検討を加えることに手抜きをしてはいけない。

しかしその一方で、いくら分析を積み重ねたからといって自動的に結論が出るわけではない。分析結果も含めさまざまな点を考慮したうえで、多面的な判断が求められる。その際に常に定量的な意味合いを考えて判断していくのが、三番目のポイントとなる。

たとえば価格改定を検討している場合、改定後にその事業や商品の利益がこれまでと同等に保たれるためにはどの程度の販売量の増加が必要か。換言すれば、検討されている価格改定は、その販売量を超えることができる効率を持つという想定に立つということになる。あるいは価格改定後に主要競合とどの程度の価格差となるのか。これは、自社商品と競合品との価値の差をどのように想定したかということになる。さらには、改定しようとしている価格は、競合相手のリアクションをどのように想定しているものなのか。自社収益の目標と実態をどのように前提しているのか。こうしたいずれの意味合いについても、極力定量的にとらえたうえで、価格改定に対する総合的判断を図ることが重要となる。

◉経営的に、組織的に

価格マネジメントは、事業運営の最先端である営業現場や店舗などで日々行われているものである。もちろん事業形態や商品特性によって大きな差はあるが、概して、価格マネジメントの「現場」はきわめて多数、多様である。したがって、価格マネジメントは企業組織の至るところで行われるオペレーションとしてとらえられてしまいがちだ。それが事実である半面、オペレーションとしての価格マネジメントだけでは企業の利益や成長は最大化しない。オペレーションとしてのエクセレンシーを追求するのと並行して、もっと経営的、組織的な対応が重要である。

「経営的に」とは、まず経営の担当者であるトップマネジメントの直接的な参画である。価格の重要性は言うまでもない。加えて、後述するように価格には、そして価格マネジメントには、企業経営の多様な側面が反映される。トップマネジメント自身が価格マネジメントに参画することで、その判断の質を高めるとともに、自社と競合の関係、顧客の自社に対する期待など、経営にとって非常に重要な情報をトップマネジメントが体感できるのである。

次のポイントは、時として高所から大胆に判断されるべきであるという点だ。個々の価格判断はオペレーション的であるために、価格戦略もその集大成となりがちで、個別最適、局所的判断となる傾向は否めない。そして、どうしてもリスクに敏感になりすぎて前例主義、前年同様といった傾向が生まれてしまう。客観的、分析的な課題把握に基づき、必要な際は非常に大胆な判断や変更を追求することが重要である。特に「○○となったら大変だから……」「これまでに実施していないものだから……」といった視点が判断の主軸になることは避けなければならない。

経営的という言葉が持つもう一つの重要なものは、目的意識や方向観である。個別の価格マネジメントにおいても、何を目的として、何を目指して、価格を設定、改定しようとしているのか、価格を通じて何を達成しようとするのか、こういった意識を明確にして個々の検討や判断に臨むことが求められる。

次に、「組織的に」には以下のような意味がある。まず、価格マネジメントは商品企画や営業だけの仕事ではなく、非常に機能横断的、部門横断的な取り組みが求められるものである。価格判断に必要な情報の提供、価格選択と整合した他機能の活動、顧客にとって魅力的な価格とするための他部門での活動のレベルアップなど、価格マネジメントは組織横断的な面を持つ。

しかし実際には、たとえば、価格のポジショニングや価格が前提とする当該商品の価値と、マーケティングや営業上の行為やコミュニケーションとが整合していないことは頻繁に生じている。斬新な機能を売り物にする高価値・高価格商品としてポジショニングしているにもかかわらず、顧客へのコミュニケーションは形式も内容も低価格訴求型と同様であったり、営業部員のセールストークも価格の柔軟性を強調したりするような実態は枚挙にいとまがないのではなかろうか。

もう一つのポイントは、プライシングを組織能力としてとらえてその育成に継続的に取り組むことの必要性だ。優れた価格マネジメントは非常に強い競争優位の源であり、その実現のためには価格マネジメントの組織能力を構築することが必須である。価格マネジメントは個々の人材による判断の集大成ではなく、その企業、その事業としての組織対応であるべきだ。具体的には、自社の価格マネジメントの基本思想や基本的なアプローチの明確化と組織内への徹底、価格マネジメント（プロセスなど）の標準化、必要情報の蓄積と分析、必要なスキル（分析や判断など）を持った人材の継続的な育成などが挙げられる。

以上の視点を持って、価格創造のための価格マネジメントに取り組んでいただきたい。より具体的なアプローチや手法については、第二章以下で取り上げている。

価格創造がもたらすもの

それでは、以上述べてきたような優れた価格マネジメントによる価格創造が企業に何をもたらすのだろうか。その答えは多面的かつ重要なものである。冒頭に示したように価格が企業利益に与える影響は甚大であるから、経済的な効果が第一に考えられる。さまざまな業界や商品セグメントにおいていわゆる「プレミアム」という位置づけを獲得し、競合の同等商品より常に高い価格を維持している企業、ブランドは少なくない。加えて、スターバックスコーヒーのように、それまでとはまったく異なる価格帯の市場を生み出し、顧客はその価格を支払うことに満足しているというような例も散見される。そして、こうした企業や事業の多くが高い収益性を実現している。

一方、「一段と低い価格」を創造して、事業を大きく拡大した成功例も多様である。

EDLP（エブリデイ・ロー・プライス）という言葉の権化であるアメリカのウォルマート、フリースで旋風を巻き起こした日本のユニクロ（企業名はファーストリテイリング）などがすぐ頭に浮かぶ。重要なことはこうした企業が単に日々の廉売を行ってきたわけではなく、低価格を創造して市場拡大なりシェアアップを達成したという点である。

これまで述べてきたように、価格を創造するということは、顧客の視点に立ってその商品・サービスが顧客に提供する価値を的確に把握し、それに見合うかたちで目指すべき価格を適切に定め、それを実現できる事業システムを構築し、その価格の意味をきちんと顧客に伝達することだ。これはプレミアムであってもEDLPであっても同様なのである。ウォルマートやユニクロが行ってきたことも、まさにこうしたものではないか。

このように価格創造が当該企業の収益にもたらす直接的な効果は明白だ。しかし、価格を創造することがもたらす意味はさらに幅広いものである。まず経済的な面だけをみても、適切な価格を創造できる企業は、収益性が安定し、その経営資源を技術開発、M&A（合併・買収）、新規事業開発などに投下し、将来の成長を生み出す基盤を継続的に構築することが可能となる。

価格創造とは、言い換えれば、目指すべき価格を確実に実現できる能力を持つことであるから、価格という事業収益に最も大きなインパクトを与える要素に関して、受け身になることなく自社が主導権を握ってマネージしていく力を持つことになる。この結果、収益性が安定することに加えて、自社の収益に対する予測がより正確になり、また経営者も自社の将来収益に自信が持てるようになるために、将来に向けたさまざまな投資を積極的に行うことが可能となる。こうして、この企業は継続的な成長に向けた基盤を強化していく。

もう一つ重要な効果はブランドである。プレミアムにせよEDLPにせよ、優れた価格マネジメントを通じて目指す価格を創造できた企業は、その源となった顧客への提供価値と創造した価格との適切なバランスにより、顧客にとってユニークな価値を持つブランドとして認知される。そして、認知されたブランドゆえにその後は目指す価格を安定的に実現できるという好循環を生むことが可能となる。ウォルマートやユニクロは、それぞれウォルマートらしい、ユニクロらしい価格戦略を実行しやすいということだ。

そのうえ、こうして築き上げられたブランドは、新商品開発や新規事業参入においても貴重な効果を生む。新しく開発する商品や参入する事業について、顧客がそのブランドに合った価値と価格の期待を自然に抱いてくれるのだ。期待を裏切れないという制約の一方で、コミュニケーションやマーケティングの効率は相当向上する。数年前のアメリカでの調査によれば、アメリカの消費者の過半数が、ウォルマートがエアライン、ホテル、映画館などの事業に参入したならば、ＥＤＬＰの実現を通じて各事業の現在のトッププレーヤーと同等かそれ以上の業績を実現するだろうとの高い期待を寄せることが抽出されている。

価格創造には、以上の定量的、経済的な効果に加えて、経営や組織運営のうえで非常に重要な効果が期待される。第一に、自社が対象とする顧客に対する洞察である。これまで述べた価格創造のプロセスを経て、対象顧客が求めるものを理解し、自社の商品・サービスがそのニーズに対してどの程度の価値を与えるものかを的確に把握することが可能となる。企業はともすると、自社の商品・サービスの技術面や機能面の魅力に立脚した視点で顧客ニーズの充足度を測ってしまいがちであるが、優れた価格マネジメントを行うことで、こうした傾向に陥らず、より客観的な視点で顧客を理解し、そのニーズと充足度合いについて、自社独自の見方を身につけることが促進される。これは、価格マネジメント自体に有効であるだけでなく、独自の洞察に基づく商品開発や顧客コミュニケーションなど幅広いマーケティングの分野で大きな価値を持つ。

顧客ニーズとその充足に関する客観的な評価というものをより拡大してとらえると、その企業の経営自体のレベルアップとも考えられる。すなわち、自社商品の魅力や価値提供について企業の「独りよがり」の判断に陥ることを価格マネジメントのプロセスによって牽制することで、業績の安定や経営判断の精度が高まると言える。いってみれば、価格マネジメントが自社の商品・サービスの価値に対するアカウンタビリティの役割を担うのである。これは非常に重要な経営監査であり、リスクマネジメントである。自己満足だけの商品企画や業績見通しを牽制する意義は大きい。

さらに、目指す価格を創造する能力を持つ企業は、組織としての生産性も向上するだろう。価格が企業の業績に大きなインパクトを持つゆえに、企業活動の相当の部分が価格動向によって左右され、価格マネジメントとその結果の収益管理に費やされている。価格が演じる役割は、価格の舞台である市場に直に接している営業やマーケティング部門に限ったものではなく、商品のスペック検討においても、コストダウン目標の設定においても重大である。こうした価格について、顧客や競合に振り回されることなく、自社が主体的にマネージする能力を持てば、企業行動全般にわたりムダが減り、経営判断、事業運営の他の側面に時間と資源をシフトすることができる。当然のことながら、このような企業の生産性や競争力は向上し、業績も上昇するはずである。加えて、企業行動に大きな影響を持つ価格について自社が主導権を持ち、他者に引っ張り回される状態でないことは、企業組織のさまざまな部分における活性化やモラル向上にさえ貢献するのではないだろうか。

以上述べてきたように、優れた価格マネジメント能力を身につけ、自社が目指す価格を創造することの経営的な意義は非常に大きく、多面的である。しかし、多くの企業における価格マネジメントの現実はこうした域には程遠く、受け身の価格マネジメントに甘んじている。市場自体が自己的な創造を繰り返す産業分野が非常に限定的となった現在の経営環境において、日本企業が成長と収益拡大を両立するためには、価格を創造する意志と能力の構築に取り組むことが不可欠である。第二章以下、そのための基本的な考え方と具体的な手法を紹介していきたい。

Chapter 2

Setting value, not price

価格を決めるな
価値を決めろ

ラルフ・レジンスキー
マイケル V. マーン

【著者紹介】

Ralf Leziniskiはマッキンゼー・アンド・カンパニー、アトランタ・オフィスのプリンシパル、Michael V. Marnは同クリーブランド・オフィスのプリンシパルである。

本稿の初出は、***The McKinsey Quarterly,*** 1997 No.1

Setting value, not price
The McKinsey Quarterly, 1997 No.1

ある高性能医療機器メーカーが、定評ある診断装置の全面改良版を発売した。価格は、旧型機より五％高く設定。発売当初三カ月は好調な売れ行きを記録し、顧客の評判も上々でシェアも順調に伸びた。しかし、その後一カ月の間に業界全体で値崩れが発生し、同社はシェア確保のために高性能新型機の値引きを余儀なくされる。ある評判のいい印刷用紙メーカーは、製品の安定した高い品質とサービスを誇りにしていた。ところが業界全体の需給が緩んだとき、同社のシェアは落ち込んで経営を圧迫しはじめた。また、ある加工食品メーカーは、大手小売りチェーン向けの大口契約では自社の商品価格を競合に合わせて低めに設定している。これはごく当たり前の戦術だ。ところが数カ月と経たないうちに熾烈な価格競争が発生し、その製品カテゴリーでは業界全体の収益性が危うくなってしまう。

これらの悩ましいケースには、一つ共通点がある。一見すると健全なマーケティング戦略や戦術が予想外の結果を招き、多大なコストを生み出してしまったことだ。しかし、こうした結末は、避けようと思えば避けられたはずである。本章では「ダイナミック・バリュー・マネジメント」と呼ばれる手法を、マーケティング戦略の要であるプライシングと商品のポジショニングに活用して、このようなマーケティングの失敗を防ぐ方法を検討する。

ところで今日、「バリュー」という言葉は、マーケティングやプライシングの分野においてはなはだしく誤用濫用されている。「バリュー・プライス」と言えば単に安いだけか、いわゆるセット販売の値段と思われているほどだ。しかし本当のバリューとは、買い手が商品から受け取る便益とそれに対して支払う価格とのバランスに基づくものである。

便益と価格のバランスを管理するバリュー・マネジメントは、マーケティング・ミックスの重要な一要素と考えられてきた。自社商品の競合に対するポジショニングを考え、相手より高めに価格を設定するか低めにするかを決めるとき、企業は無意識のうちにこの問題に取り組んでいる。

しかし、二つの理由から、バリュー・マネジメントは失敗に終わりやすい。第一の理由は、便益と対価を考えて自社商品を「スタティック（静的）」にポジショニングする作業に、十分な時間とコストがかけられていないことだ。第二には、たとえスタティックなポジショニングが正しくても、「ダイナミック（動的）」な影響を忘れがちになることである。つまり競合や顧客の反応、業界全体の収益性への波及効果、売り手と買い手の間での余剰利潤の移転などが適切に考慮されていないのだ。

バリュー・マネジメントが失敗する原因やその波及効果を明らかにするためには、まずはバリューそのものを適切に定義しなければならない。買い手は、価格の安さだけにこだわって購入を決めるわけではない。企業から提供される便益と企業に支払う対価との差、すなわちカスタマー・バリューに応じて、買うか買わないかを決めるのである。もっと正確に言うと、カスタマー・バリューとは、顧客が評価する便益から顧客が払ってもいいと感じる対価を差し引いたものである。

したがって、便益が大きいと感じるほど、あるいは対価が割安と感じるほど、カスタマー・バリューは大きくなる。そしてカスタマー・バリューが大きくなればなるほど、それを買う可能性は高くなる（この点については後で詳しく述べる）。

スタティック・バリュー・マネジメント

マーケティングや戦略を考えるうえでは、バリュー・マップと呼ばれる簡単な手法を使い、あるセグメントにおける顧客分布を調べることが効果的だ。

バリュー・マップからは、実際のある市場セグメントで顧客がどのように商品の価値を判断するか、便益と対価のバランスがどうなっているかを読み取ることができる（図

図表2－1　バリュー・マップ①

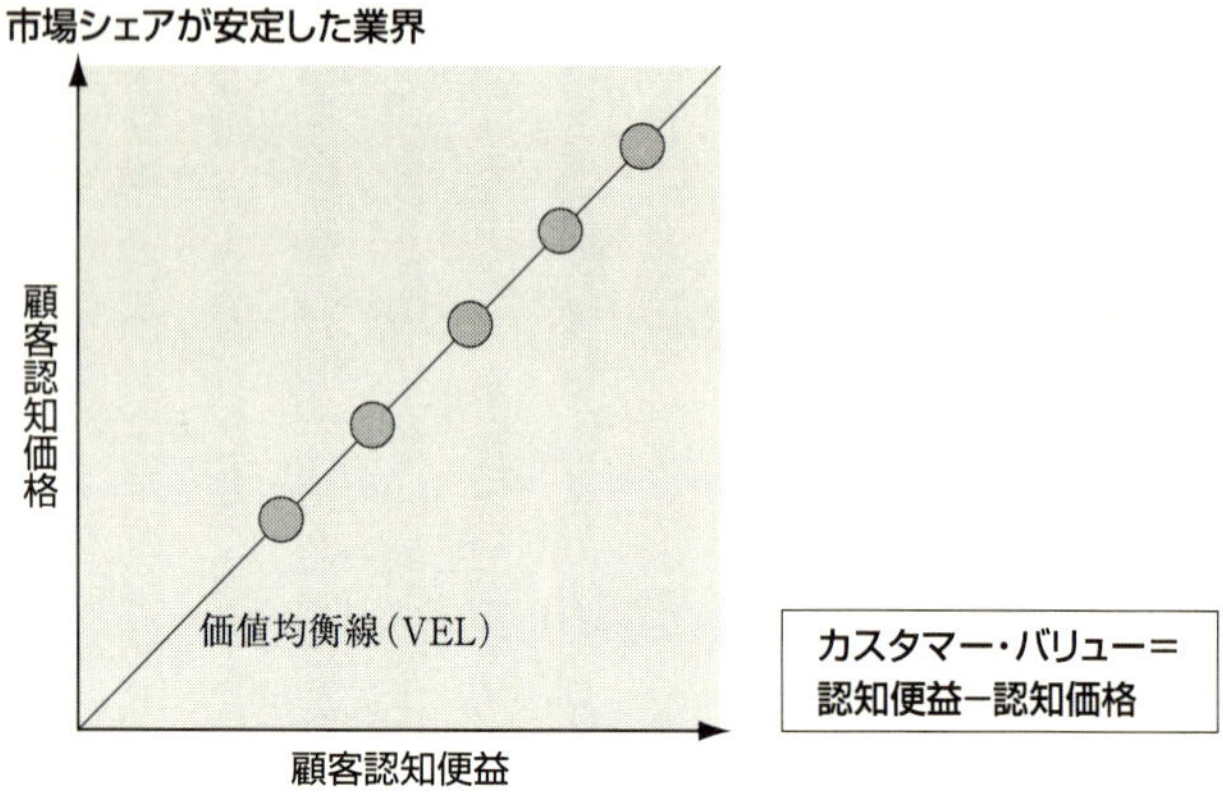

表2－1）。横軸に顧客が認識している便益（顧客認知便益）、縦軸には顧客が認識している価格（顧客認知価格）を設定し、競合各社の商品またはサービスをプロットする。買い手にとって便益が大きく価格が高い商品・サービスは右上に、便益が小さく価格も低いものは左下にくる。シェアが安定した市場であって、かつ認知便益と認知価格が適切に計量化されていれば、競合する商品・サービスは傾き四五度の一直線上に並ぶはずだ。線上では便益と対価が釣り合っていることから、この直線を、「価値均衡線」（VEL）と呼ぶ。買い手が望む価格や便益がどの水準であれ、論理的な購買の選択肢はVEL上のどこかにある。したがってこうした市場は、「対価に見合う便益が

図表2−2　バリュー・マップ②

市場シェアが変動する業界

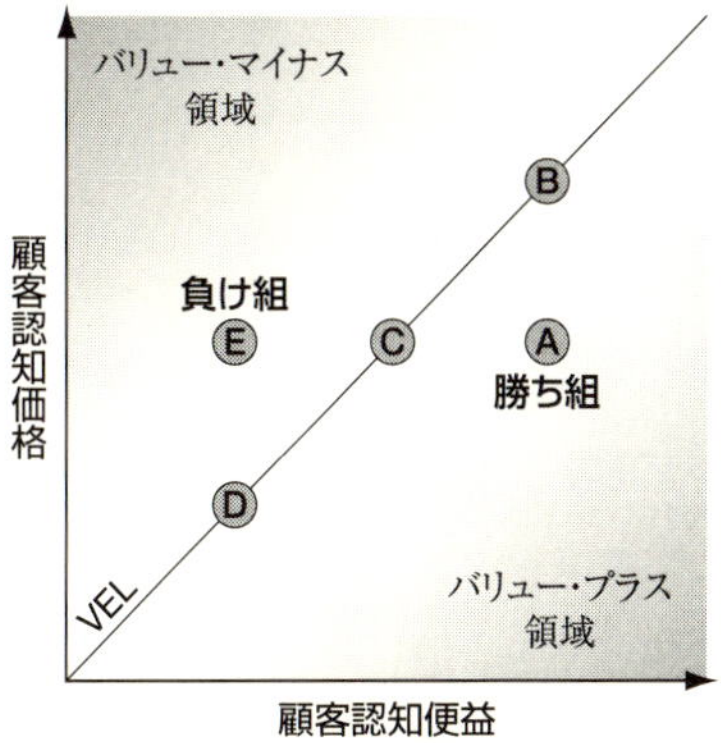

手に入る市場」と言える。どれを選べばいいかは単純明快なので、自ずとシェアは安定する（なお、安定したシェアとは均等なシェアという意味ではない。これについても後で詳述する）。

一方、シェアが変動する市場では、状況は違ってくる。この場合、シェアを拡大する商品・サービスはＶＥＬの下側、すなわちバリュー・プラス領域（便益＞価格）にプロットされる。図表２−２の商品Ａはバリュー・プラス領域にあり、理論的にはそのシェアは拡大するはずだ。商品Ａや商品Ｂが提供する便益水準を要求する買い手なら、まず間違いなくＡを選ぶだろう。ＡはＢと同じ便益を、より安く提供してくれるからである。同様にＡやＣの価格帯を希望する買い手も、間違いなくAを選ぶだろう。AはCと同じ価格で、より大きな便益を提供しているからである。つまりB、CはVEL上にとどまるが、AはVELの下側に位置づけられ、カスタマー・バリューはB、Cよりも高まる。したがって、Aを選ぶ買い手は増える。

Eにはまったく逆のことが当てはまる。EはVELの上側、すなわちバリュー・マイナス領域（便益＜価格）に位置づけられている。バリュー・マップが正しければ、Eは早晩シェアを失うはずだ。

バリュー・マップを裏づけるのはごく基本的なマーケティング理論であるが、認知便益、便益―価格のバランスを計量化するに当たっては、高度な市場調査手法（コンジョイント分析、離散型選択分析、マルチコンジョイント分析など）が駆使される。こうした手法が進化したおかげで、バリュー・マップを効果的に活用できるようになった。

とはいえ、誤ったポジショニングが原因で多大な損失を被った例は枚挙にいとまがない。バリュー・マップを適切に活用していれば、そうした失敗は防げたはずだ。

◉ケーススタディ：アルファ・コンピュータ

アルファ・コンピュータ・カンパニーのケースは、まさにバリュー・マップの有用性

図表2−3 ミニコン市場のバリュー・マップ①

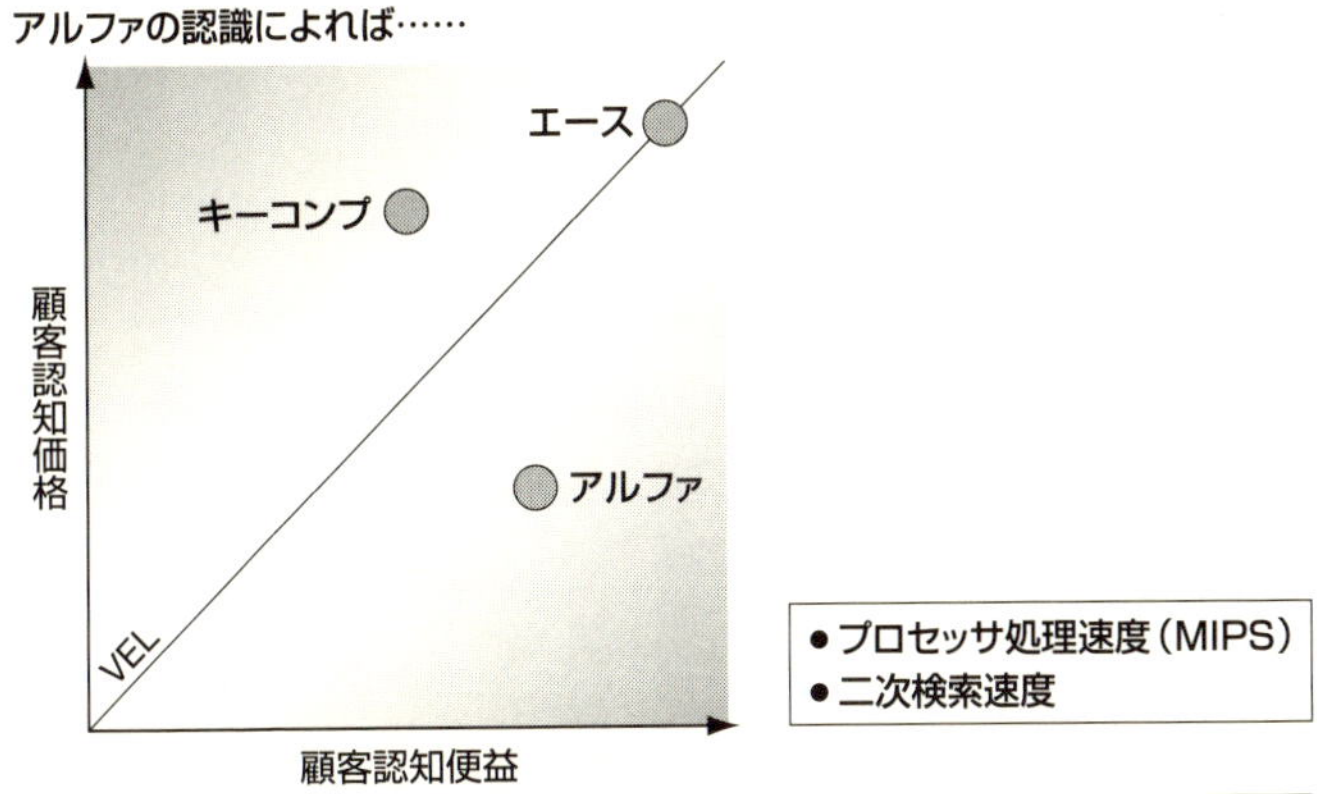

を物語る格好の事例と言える。ごく単純なマップをスタティックに活用するだけでも効果が大きいことが実証される。アルファは、ネットワーク用サーバで主に使われるミニコンのメーカーである。製造技術に優れ、高性能機を妥当な価格で提供できることが同社の自慢だ。ところが、新しく市場に投入したミニコン・シリーズの売れ行きが予想外に悪い。そこでアルファは、バリュー・マップを作成。競合二社（エース・コンピュータとキーコンプ）と自社の三社について、顧客からみた便益と価格を計量化し、ポジショニングした（図表2−3）。

アルファは、顧客がミニコンを選ぶときに重視する技術的な商品属性は二つあると想定していた。一つはプロセッサの処理速度、もう一つは二次検索速度である。前者は一秒間に処理できる命令の回数（単位：MIPS）、後者はハードディスクドライブなどの外部記憶装置に格納されたデータにアクセスする速度を意味する。エース・コンピュータはプレミアム・セグメントに属し、処理速度・二次検索速度はともに三社のなかで最高だが、値段も一番高い。一方、キーコンプは、処理速度も二次検索速度もアルファを下回るのに価格は一〇～一五％高い。したがって、キーコンプはバリュー・マイナス領域、自社はバリュー・プラス領域に位置づけられるとアルファは考えた。

アルファの想定が適切なら、図表2-3のバリュー・マップは正しいことになる。そうであればアルファがシェアを拡大しキーコンプは失うはずだ。しかし、実際には逆の現象が起きているのが、アルファの悩みの種だった。自社製品はキーコンプより性能は高く価格は低い――にもかかわらず売れないのはなぜか。

これは、企業が陥りやすい落とし穴である。アルファは、顧客の考える便益、すなわちミニコンを選ぶときに買い手が何を重視するかを理解していなかったのだ。プロセッサの処理速度と二次検索速度が本当に買い手にとって重要な属性なのかを確かめるために、同社のマーケティング部門は調査を実施。六〇社を対象に、ネットワーク用ミニコンの納入業者選定基準を調べた。

すると驚いたことに、プロセッサ処理速度の優先順位は四番目にすぎないことが判明した。二次検索速度に至っては六番目である。最も重視されるのはソフトウエア／ハードウエアの互換性で、以下、信頼性、テクニカル・サポートと続く。そして、五番にはユーザー向けマニュアルの品質が挙がった。

調査によれば、処理速度は重要と認識されてはいるが、大半のユーザーが求める速度はごく遅く、どのメーカーも楽々クリアしているという。さらにネットワーク利用が前提のため、二次検索速度は重要とすらみなされていない。つまりアルファは、処理速度と二次検索速度の点でキーコンプをやや上回るとしても、顧客はこの二点にさして重きを置いていないというのが実態だった。

調査でわかったもう一つの重大な事実は、互換性、信頼性、ユーザー・サポート、マニュアルの品質の点でキーコンプがきわめて高く評価されていることだった。一方のアルファはこれらの点で評価が低い。アルファが採用しているOSやハードウエアのプラグ設定は互換性に問題があり、多くのユーザーが不都合と感じていた。また、初期モデルにトラブルが多かったため、新製品に対するユーザーの目が厳しくなっている。さらにアルファのテクニカル・サポートは対応が悪く、マニュアルは業界でも最低という有り様だった。

図表2−4　ミニコン市場のバリュー・マップ②

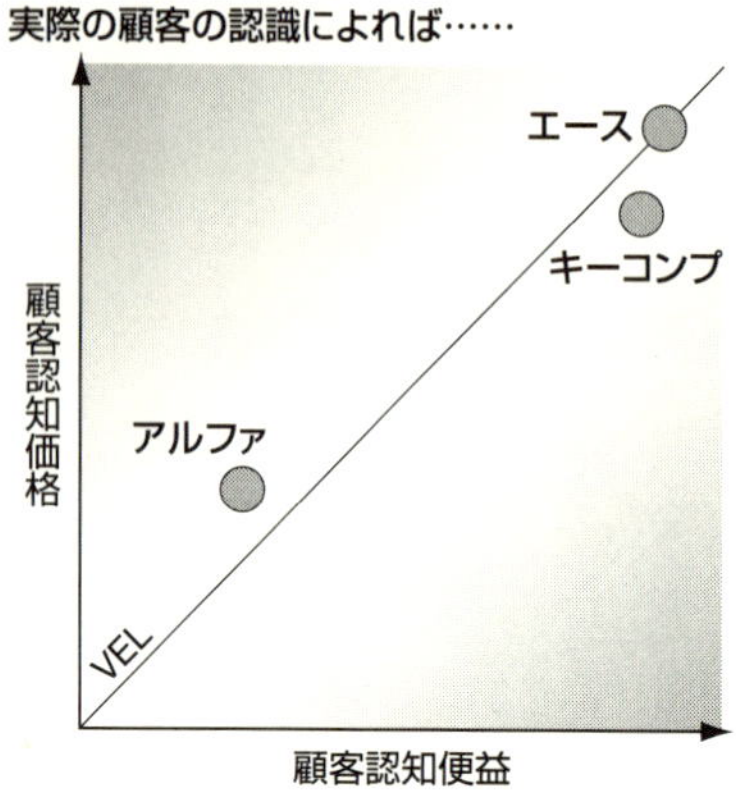

重視する便益の優先順位

1. 互換性
2. 信頼性
3. テクニカル・サポート
4. プロセッサ処理速度（MIPS）
5. マニュアル
6. 二次検索速度

そこで、顧客が重視する便益や性能に基づいてバリュー・マップをつくり直すと、図表2-4のようになった。顧客の視点からみればキーコンプはきわめて優れており、価格が少々高くてもバリュー・プラス領域に位置づけられる。シェアを拡大するのは当然と言えた。

逆にアルファはかなり劣っており、いくら値段が安くてもバリュー・マイナス領域に入ってしまう。シェアが減るのももっともだった。

正しく作成されたバリュー・マップをみれば、アルファがとるべき道は自ずと明らかである。自社が劣っている点を修正すべく、アルファは直ちに大がかりな計画を立てた。OSをマイナーチェンジし、ハード

図表2−5　ミニコン市場のバリュー・マップ③

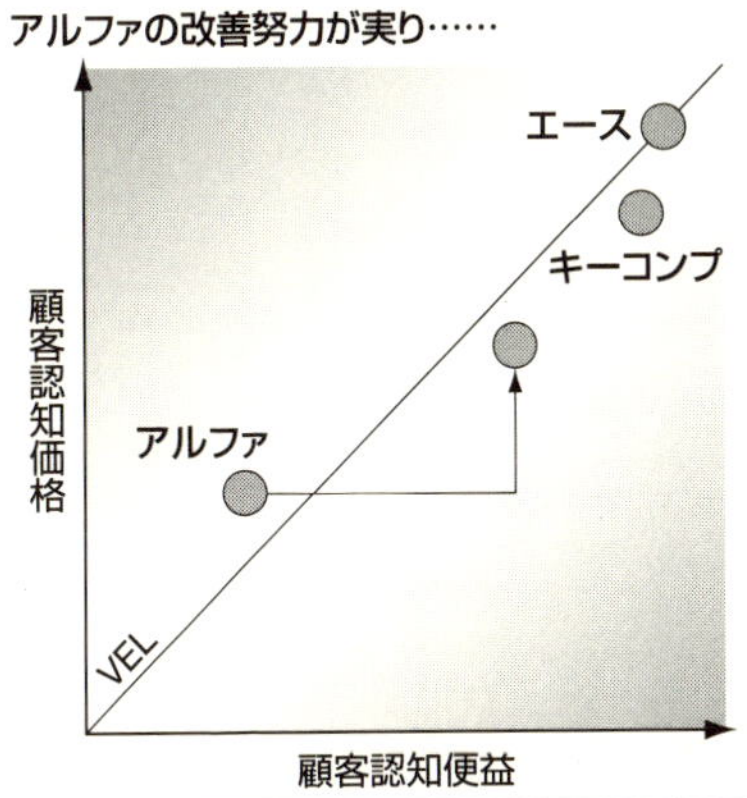

重視する便益の優先順位

1. 互換性
2. 信頼性
3. テクニカル・サポート
4. プロセッサ処理速度（MIPS）
5. マニュアル
6. 二次検索速度

ウエアのプラグ構成は設計し直して、まずは互換性の問題を解決。次に販促に力を入れ、最新モデルの信頼性を訴える大々的なキャンペーンを展開する。テクニカル・サポート面では人員を補充したほかフリーダイヤルを導入し、不評のユーザー・マニュアルは全面改訂した。

その結果を示したマップが図表2−5である。わずか半年間でアルファは認知便益を大幅に改善し、価格を八％引き上げたにもかかわらず、シェア拡大に成功した。値上げと売上げ増のダブル効果で、同社の営業利益は倍増している。

アルファ・コンピュータの例から、バリュー・マネジメントではどんな点に注意すべきかがわかる。

●顧客が購買決定に当たって重視する商品属性を理解し、その優先順位を知ることが成功の秘訣である。
●計量化が難しい〝ソフト〟な属性（信頼性、親切なテクニカル・サポート、使い勝手のよさなど）も、計量化しやすい技術的な特性に負けず劣らず重要である。
●買い手の購買決定基準について、社内の勝手な思い込みに頼ると致命的な結果を招きやすい。こうした重大な情報については、顧客調査の結果を重視すべきである。

この例から学べることがもう一つある。バリュー・マップを正しく読み取れば、バリュー・マイナス領域に位置づけられた企業にも逆転のチャンスがあるということだ。別の例では、マツダのスポーツカー「ユーノス・ロードスター（英名ミアータ）」を取り上げた。この例からは、バリュー・プラス領域にいる企業が自社のポジショニングを見誤ると、せっかくの機会を逸しかねないことがわかる（章末の囲み「アメリカの小型スポーツカー市場を席巻したマツダ」参照）。

◉バリュー・マップ上の顧客分布

「VEL上のポジションの安定性」や「VELからの離脱が競争に及ぼす影響」などを

図表2－6　**顧客分布**

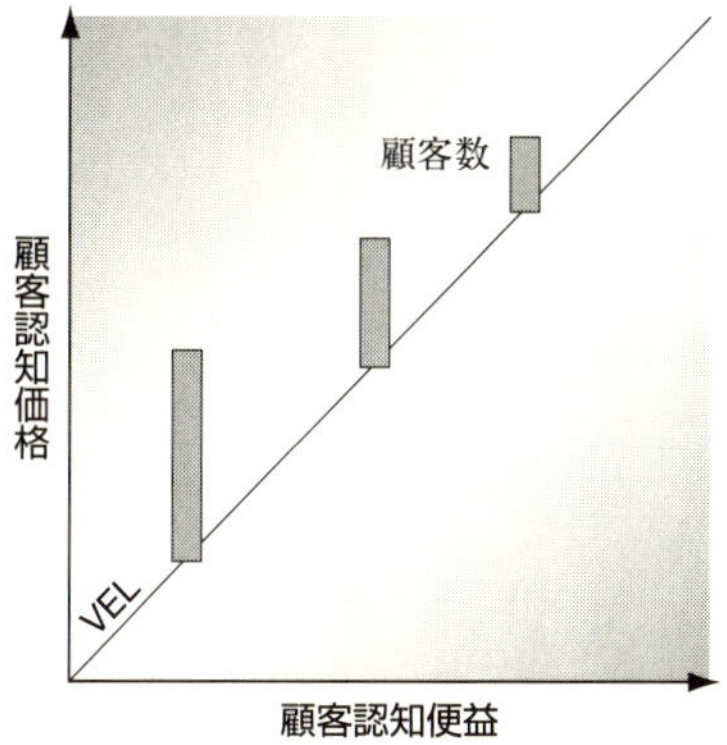

議論する際、我々はつい無意識のうちに、線上のポジションはどれも等しい魅力を持つと考えがちだ。しかし、実際にはそうではない。正しく定義されたセグメントであっても、顧客はVEL上に均等に分布するわけではない（もし均等ならば競合各社のシェアはどれも等しくなるが、そんなことはありえない）。

シェアに差が出る原因は歴史的背景や過去の実績からくることもあるが、ほとんどは単純に顧客分布が不均等なためである（図表2－6）。

確かに、過去の実績は相当にものを言う。業界で長いこと地位を維持してきた企業が、他社と同じ価値を提供していてもシェアで差をつけるケースは珍しくない。この現象は「参入順位（order of entry）の原則」とも言うべきもので、その極端なかたちを規制緩和後の電力・ガス、通信業界にみることができる。つまり、新規参入企業が既存企業と同等か少々上回るサービスを提供すれば当然スイッチングが起きるはずだが、実際にはそうならない。

ただし、VEL上に並んだ競合商品のシェアに差が出るのは、顧客分布に起因することのほうがずっと多い。一般に顧客は線上に均等分布しておらず、クラスター（集団）を形成するからだ。

そうなる理由はいくつもある。買い手が商品の特性を理解していないこともあれば、どこで買えばいいのかわからないこともある。売り手が複数の流通経路を展開していたり、営業部員が商品の優れた点を顧客に正しく伝えていなかったりといったケースもあるだろう。そうなると、買い手が感じる便益と、実際に商品が提供する便益との間にギャップが生じる。

たとえ不備のない完全無欠な市場であっても、顧客分布は一様にはならない。必ずしも便益と価格に相関性を認める消費者ばかりではないからだ。なかには便益偏重型の買い手がいる。つまり、便益の最高（あるいは最低）基準を自分なりに設定し、それ以上（あるいは以下）は認めないタイプだ。市場調査でも、一部の商品・サービスにそうしたイメージ的な基準の存在が確かめられている。それを少しでも便益が上回れば買い手が感じる価値は大幅に跳ね上がるし、少しでも便益が下回れば価値はまったく認めてもらえない。

たとえば自動車メーカーが部品を調達するケースを考えてみよう。信頼性が最低基準を下回るような部品は絶対に受け付けないはずだ。逆にコンピュータを買おうとする消費者は、ある水準以上に記憶容量が大きくても評価しない。それほど大きなメモリーに用はないからである。

また、価格偏重の買い手もいる。あらかじめ予算額を決め、それ以上は絶対に出さないタイプだ。たとえば平均的な家庭用パソコンの価格は、性能が大幅に改善されたにもかかわらず、ここ数年二〇〇〇ドル前後に据え置かれている。おそらくこの価格帯を上限とする消費者が多いためだろう。このタイプの消費者は、パソコンがいくら高性能になっても、それ以上払う気はない。

ＶＥＬ上のすべての点にわたって自分が購入する商品を探るのは、便益偏重でも価格偏重でもない買い手だけなのである。

したがってＶＥＬ上の顧客分布の把握は、商品のポジショニングを的確に行うための必須条件と言える。顧客分布についての理解不足がポジショニングの失敗につながる例はきわめて多い。典型的なケースを以下に挙げよう。

●明らかに競争力のある商品を、VEL上の顧客分布の少ないポジションに設定してしまい、シェアを獲得できないケース――ある金属コーティング機械メーカーは、新製品を競合品A、Bの中間に位置づけ、A、Bどちらにも満足していない顧客の獲得を狙った。しかし残念ながら、AとBの間にはほとんど顧客はいなかった。Aの加工速度は顧客企業のニーズにぴたりと合っており、Bの加工速度もそうなっている。そして、中間的な速度にはニーズがなかった。これを見抜けなかった同社は、性能・価格の釣り合った妥当な新製品を発売したにもかかわらず、結局は数百万ドルに上る損失を計上する羽目になった。

●商品のポジショニングがVELの右上か左下に寄りすぎ、価格偏重あるいは便益偏重型の買い手を大量に逃してしまうケース――あるメーカーのスーパーコンピュータに対して需要が激減したケースは、典型的な例と言える。同社が誇る最強のスーパーコンピュータは便益と対価の釣り合いがとれ、VEL上に位置づけられる製品だった。しかし、肝心の顧客のほうは分散処理を好むようになっており、超強力な処理能力を一台のマシンに集中させる方式にはニーズがなくなっていた。

ダイナミック・バリュー・マネジメント

アルファ・コンピュータやマツダの例は、商品・サービスの「スタティック」ポジショニングで陥りやすい落とし穴を教えてくれた。だが、スタティックな価値だけを考えてポジショニングを見定めるのは、バリュー・マネジメントのごく一部にすぎない。実に厄介なことに、競合のポジショニングも、商品や企業に対する顧客の認識も、常に動いている。つまりバリュー・マップとは、本来止まっているものではなく動いているものなのだ。その変化は重大だが、ある程度は予測可能である。

競合が、ある商品のポジショニングを変えてきたとしよう。それが値下げであれ、品質改良であれ、VEL上の他社は行動を起こす。シェアが大幅に変わらないうちに先制攻撃をかける企業もあれば、変化が起きてから対策を考える企業もあるだろう。競争のなかでは価値の相対的な位置づけは絶えず変わり、また価値に対する顧客の認識も変化する。そうした変化を常に意識して、便益と対価の関係をマネジメントする手法を、我々は「ダイナミック・バリュー・マネジメント」と呼ぶ。このバリュー・マネジメン

図表2–7　ダイナミック・バリュー・マネジメント①

業界トップ企業が便益改善に見合う値上げをしなかったら……

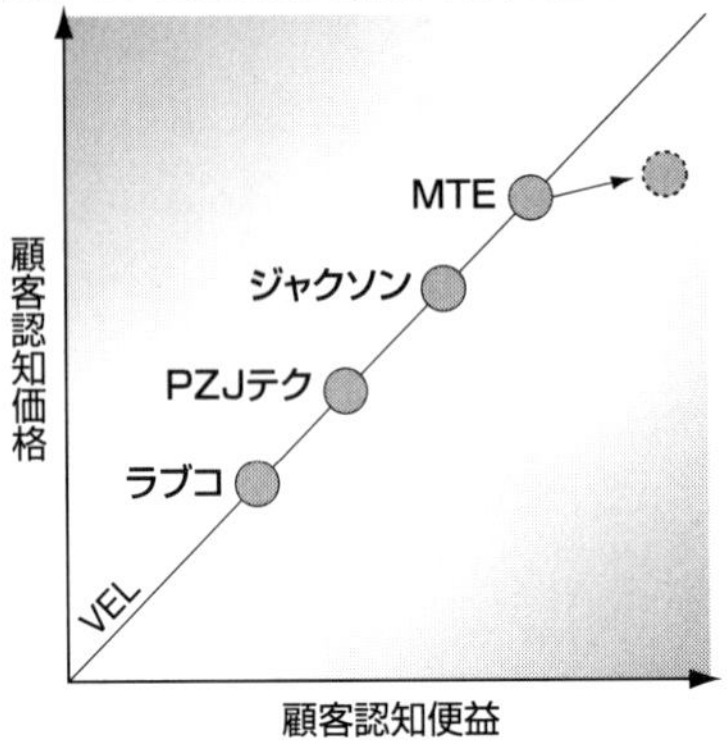

トを会得した企業は大きな見返りを手にし、また危険なリスクを避けられるはずだ。

◉ケーススタディ：MTE

ＭＴＥは、本章の冒頭で紹介した高性能医療機器メーカーである。同社の主要製品は、多くの検査を行う病院向けの血液検査装置だ。この市場は安定しており、ＭＴＥはプレミアム・セグメントに位置づけられていた。つまり、同社の製品は価格も高いが性能もよい。業界には他にジャクソン、ＰＺＪテク、ラブコがあり、いずれの商品もＶＥＬ上に位置づけられていた（すなわち便益と価格が釣り合っていた）（図表２–７）。

上級機種メーカーの常として、ＭＴＥはイノベーションが抜きん出ている。新しく発表した血液検査装置も精度が改善され、検査にかかる時間も短縮された。だが、この最新モデルの価格設定でMTEは大いに悩む。調査によると、性能改善に見合う値上げ幅は一〇％だという。つまり一〇％値上げすれば新製品はVEL上に位置づけられ、従来と同じシェアを確保できることになる。一方、価格を据え置きにすればバリュー・プラス領域に位置づけでき、シェアを大幅に拡大できそうだった。

MTEは悩んだ末に、妥協案として価格を五％引き上げる。それでもバリュー・プラス領域に位置づけられるのだから、悪いアイデアではない（図表2-7の点線の位置）。市場はすぐに好意的に反応した。精度の向上と時間短縮に対して五％の値上げなら、そこそこ得だと計算したからである。新型機はよく売れ、MTEはたちどころにシェアを伸ばした。

MTEのシェアが拡大すれば、当然ながらジャクソン、PZJテク、ラブコのシェアは落ち込む。そしてこの三社には、MTEの新型機に対抗する製品を開発する能力も経営資源もない。シェアの縮小に直面した三社は、唯一可能な策に出た。五％（あるいはそれ以上）の値下げである（図表2-8）。すると、MTEも含めた四社のシェアはたちまち元の水準に戻った──ただし価格水準が以前より低くなって。図表2-8から明らかなように、VELが下に移動したため、バリュー・プラス領域にいたはずのMTEはV

図表2−8　ダイナミック・バリュー・マネジメント②

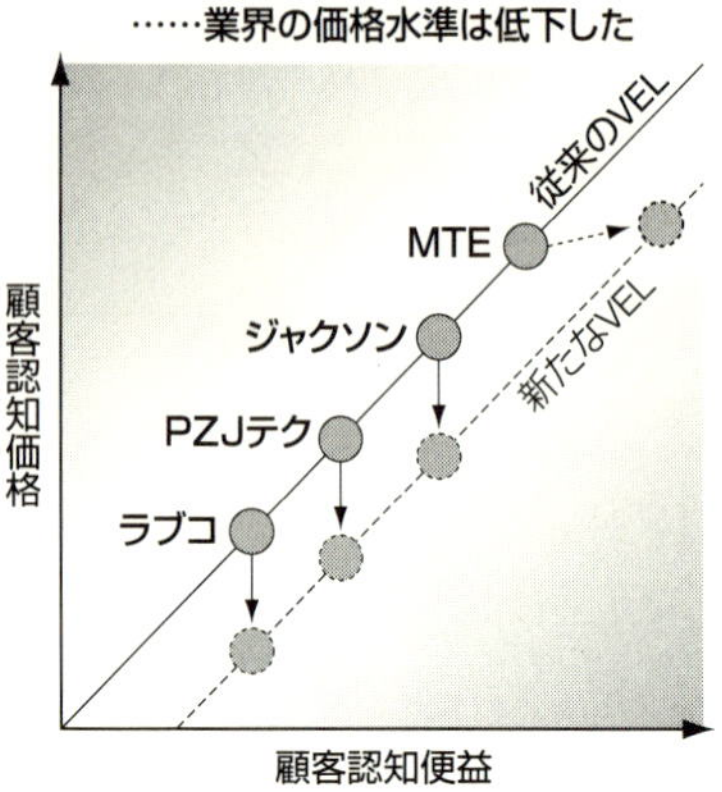

EL上に戻ってしまったのだ。VELが下がれば、対価は少なくて得るものは増えるのだから、顧客にとっては大歓迎である。つまり、市場の利益が売り手から買い手に移転したと言える。

MTEは、もう少しましなバリュー・マネジメントができなかったのだろうか。おそらくはできたはずだ。

新型機の価格を一〇％高く設定し、従来のVEL上にポジショニングしておけばよかった。そうすれば、実際のケースより五％高い価格で、従来通りのシェアを維持できただろう。この場合、競合三社はシェアを奪われないため、特に対抗策は講じないと予想される。すると業界全体の価格水準はそのまま維持され、MTEは大幅増益を実現できたに違いない。

変化する業界でポジショニングを変える

マーケティング・マネジャーが自社製品のポジショニングを改善しようとするとき、先手を打つ場合でも後手に回った場合でも、基本的な選択肢は二つある。一つはＶＥＬ上でポジショニングを変えること、もう一つはＶＥＬから離脱することだ。どちらを選ぶかによって結果は異なる。競争相手や顧客の反応、価格、売上げ、利益、リスクなどがすべて違ってくるだろう。

◉ＶＥＬ上でのポジショニング変更

ＶＥＬ上でポジショニングを変えるのは、一般にあまり攻撃的でない手法と言える。この手法をとるには、顧客のクラスターがどこに存在するか、競合とクラスターの位置関係がどうなっているかを把握しておく必要がある。ポジショニングを変えるか変えないか、また変えるとしたらどの程度変えるのか――この決定を下すに当たっては、次の手順を踏む。

●リスクと市場機会を把握し、比較検討する

商品のポジショニングを変えれば、旧来の顧客の一部を失う危険性が高い。しかしその分、新しもの好きの顧客を獲得できる可能性もある。このあたりのトレードオフを正しく理解していないと、古きよき顧客層を失う見返りに、移り気で数も少ない顧客を奪い合う結果になりかねない。

●変更する商品属性を賢く選択する

顧客は、あらゆる商品属性を均等に重視するわけではない。言い換えると、ある一つの属性を変更しただけで急に価値が上がったり、逆にはなはだしく下がったりする可能性がある。最も望ましいのは古い顧客を失わずに新しい顧客を獲得できるような属性を見抜くことであり、また顧客に与えるインパクトが一番大きい属性、安上がりに提供できる属性を選ぶことである。

●ある商品属性を変えたら価格水準はどの程度が適切か検討する

ＶＥＬ上にとどまるつもりなら、便益を変えたら必ず価格を設定し直さなければならない。便益を増したら的確に価格を引き上げないと、競合は新しいポジショニングに対抗し、業界全体の価格水準を押し下げる結果を招きかねない（ＭＴＥの例がこれに該当する）。かといって価格を引き上げすぎれば、顧客を失うだろう。コンジョイント分析などの市場調査手法を使えば、適切な値上げ幅を決定することができる。

●競争相手の望ましくない反応を抑制できるようなポジショニングを選ぶ

ポジショニングの変更がうまくいったとき、あるいはうまくいきそうになったとき、競合は必ず反応してくるはずだ。最も簡単で、最も望ましくない反応は、値下げである。値下げは往々にして業界全体の価格水準を押し下げ、ひいては利益水準の低下につながる。これを避けるため、ある医療機器メーカーは、競合が値下げをするたびに性能改善で対抗した。競合製品の価格が安くなってＶＥＬが下に移動すると、このメーカーは従来と同一価格で改良品を発表し、常に新たなＶＥＬ上にとどまったのである。価格だけで勝負する相手に対して次々に優れた便益を打ち出した同社は、最終的には市場で確固たる地位を築くことができた。

●ＶＥＬ上で新しいポジショニングを決める

そのための方法は二通りある。第一は、現在の競争範囲内でポジショニングを変える方法。第二は、その範囲を越えた新しいポジショニングに活路を見出す方法である。どちらを選ぶかによって、リスクも競合の反応も違ってくる。

●現在の競争範囲内で新しいポジショニングを成功させるには、顧客クラスターの位置を正しく把握し、競争相手から頭一つ抜け出す必要がある。このやり方では市場そのものが拡大する可能性はほとんどないため、競合は売上げを食われ、対抗してくるのは避けられない。

●ＶＥＬ上であっても現在の競争範囲外にポジショニングを移動すれば、市場拡大の可能性が出てくる。したがって売上げが伸びるチャンスは大きく、また対抗措置をとられる可能性は小さい。この場合、隠れた需要を掘り起こし、新しい商品・サービスでそれを満たすことが成功のカギとなる。

◉ＶＥＬから離脱するポジショニング変更

ＶＥＬから離れてバリュー・プラス領域に進出するのは、魅力的な戦略にみえるかもしれない。しかし、多くの企業の例が教えてくれるように、VELから離脱するときは、VEL上を移動するときより、業界の力関係やポテンシャル、リスクについての深い理解が必要である。

VELから離れる場合には、何が違ってくるのだろうか。VEL上でポジションを変えるときは隣り合う競合一社か二社を考えればいいが、VELの下側に移動するとなれば、競合全社に脅威を与えることになりやすい。というのも、一社が下に移動すればVEL自体が下方に押し下げられ、線上にいたすべての企業がポジショニングの見直しを迫られるからである。なお、VELが上へ移動することは滅多にない。競合各社が同じ方向へ一斉に動き、しかも買い手が価値（価格ではない）の低下を受け入れなければならないからだ。

ある商品のポジショニングがVELの下側に変更された場合、獲得可能な顧客の範囲は広がる（図表2-9）。たとえば電動ドリルの出力がアップし、価格は据え置かれたとしよう。その新商品は、出力の低い旧型品を買った人だけでなく、高い値段で高性能品を買った人にもアピールすることになる。

しかし、VELから離脱してターゲットとなる顧客範囲を拡大するだけでは、成功は確実ではない。事前に入念な市場調査を行い、広がった範囲内に確かな顧客クラスター

図表2−9　VELから離脱するポジショニング変更①

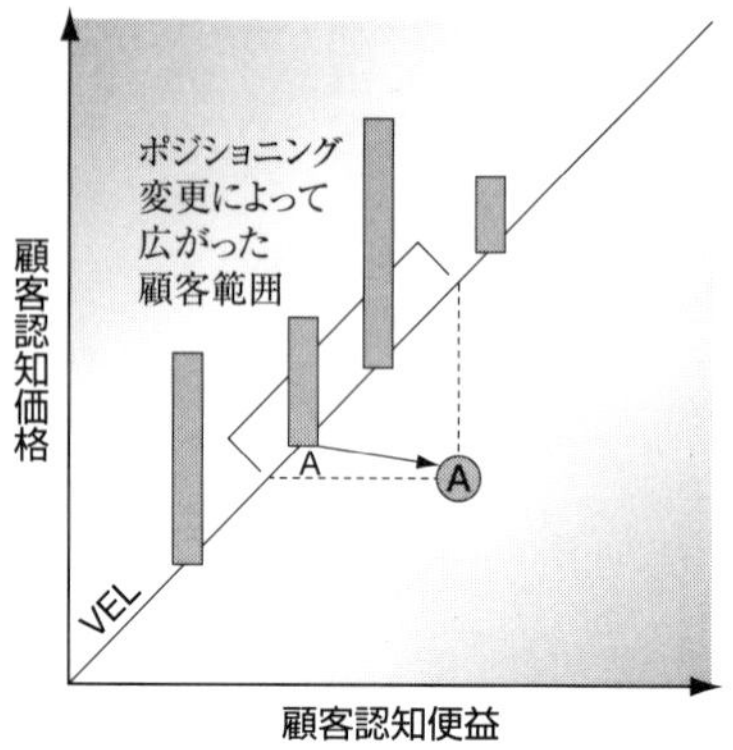

が存在すること、つまりそこがただの真空地帯ではないことを確かめる必要がある。

◉VELからの離脱に対する競合の反応

競争が激しい今日の市場では、ライバル企業が顧客やシェアを奪われて黙ってみているはずがない。彼らは必ずや反撃してくる。たとえば、どこかを改善したり、あるいは価格を引き下げたりしてくる。競合がどの手でくるかは、次のような多くの要因によって違ってくる。

●競合の連鎖反応を引き起こしやすいタイプの打ち手かどうか

どこか一社が仕掛けたときに競合がとる一番ありふれた対応は、同じ手段で対抗することである。つまり値引きに対しては値引きで、新しいサービスに対しては類似のサービスで応酬する。したがって、仕掛けるときには便益軸上でポジショニングを変えるほうが、値下げするより収益へのダメージは少ない。また、消費者にアピールしなかった便益やコストがかかりすぎる便益を取り消すほうが、いったん値下げをした後で再び値上げに転じるよりも容易である。

●競合の経営状況や姿勢はどうか

どこか一社が仕掛けてきたときの売上げや利益への影響、価格変更がもたらす経済効果（たとえば価格や顧客数と、利益のトレードオフ）によって、競合の対応は違ってくる。

コモディティ（汎用商品）に近い業界でも、値引きではなく商品・サービスの質的向上で成功を収めている企業は珍しくない。たとえばアメリカの特殊化学品セグメントでは、大手二社がシェアの約四〇%を握る。企業自身も顧客も、両社の製品にさしたる技術的な差がないことをよく知っており、一方がサポート・サービスを改善すれば、もう一方も追随する。この業界は競争が激しく、サービスの質は上がり続けているが、同時に価格も上昇するため、利益は高水準に保たれている。

過去五年間、一方が他方の動きに対して値下げで対抗したことはない。そんなことを

図表2−10 VELから離脱するポジショニング変更②

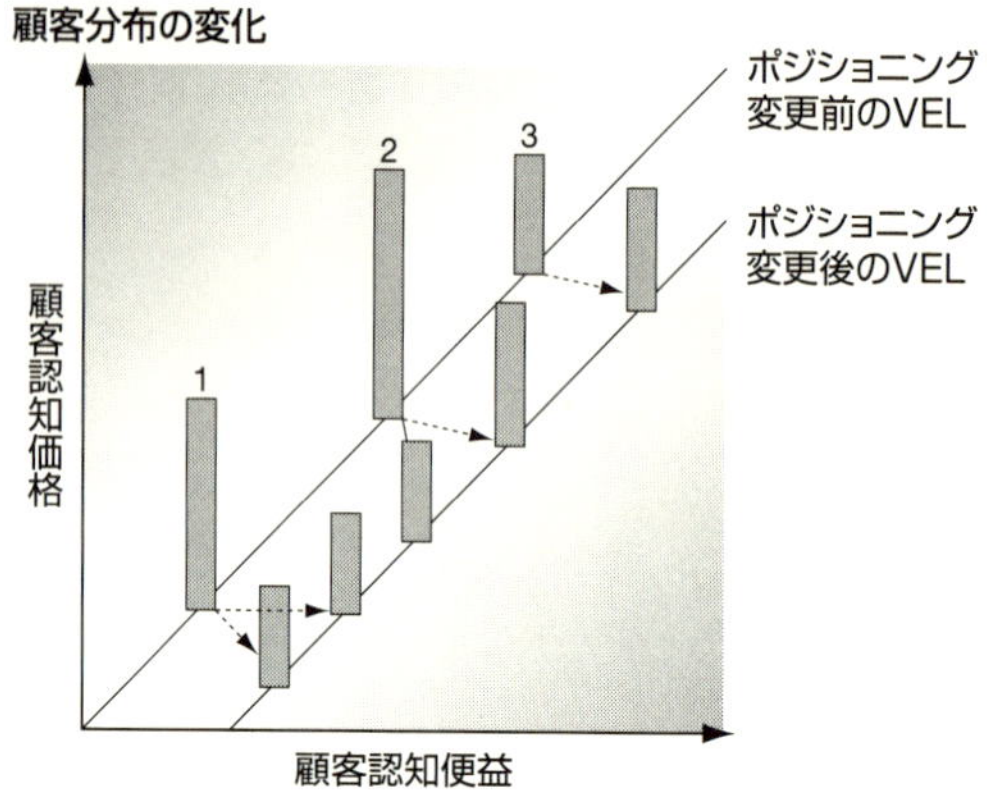

すれば業界全体の利益率が下がってしまうことを、両社はよくわきまえている。

◉需要・顧客分布への影響

競合各社が行動を起こせば、VEL上の需要分布が変化する（図表2‐10）。価格に比して便益が大きくなったり、便益は同じでも価格が引き下げられたりすれば、VELそのものが下に押し下げられる。このとき、旧ライン上の顧客分布パターンが新ライン上でそのまま再現されるとは限らない。あくまで便益にこだわる顧客もいれば、この機に便益と価格のバランスを改めて見直す顧客も出てくるだろう。また、隠れた需要が掘り起こされる可能性もある。

VELからの離脱で需要分布が変わって

も、それが常に期待通りの売上げ増に結びつくとは限らない。ある耐久消費財の大手メーカーは、価格優先の顧客が大半と思い込み、機能面など便益の改善をおざなりにした。ところが、新規参入企業が現れてまったく新しい高性能品を売り出したとき、それがかなり高値だったにもかかわらず、売上げの三〇%をあっさりと食われてしまった。予想に反して消費者は、本当は質的な改善を望んでいたのだった。

なお、ＶＥＬからの離脱は、顧客が気づくほどに大胆で、かつ買いたいと思わせるほどに魅力的でなければならない。どっちつかずの離脱は逆効果である。消費者がポジショニングの差に気づかず乗り換え需要が起きないのに、競合のほうが相手の動きに気づいて追随しようとすれば、ＶＥＬはたちどころに下方へ移動する。そうなると各社のシェアは変わらないまま、価格と利益だけが押し下げられる結果になってしまう。

ある暖房設備工事会社の例をみてみよう。この会社はライバル会社が据付工事の人件費を五%下げたとの情報を入手し、追随して値下げした。だが残念ながらこの会社は、建築士や工務店が見積りを比較するときに何を重視するか忘れていたらしい。言うまでもなく、評価対象になるのは据付工事費の総額である。人件費を五%削ったところで、総額は一%足らずしか下がらない。これではだれの目も引きはしないだろう。

ＶＥＬからの離脱を図るときは、便益あるいは価格のどちらをどれだけ変えるのか、つまり移動の方向と距離をよく考えなければならない。

●方向——顧客を増やす余地があるのは、価格軸方向にポジショニングを変えるときなのか、それとも便益軸方向か。つまり便益を高めたいのか、価格を引き下げたいのか、それとも両方なのか。

●距離——獲得可能な顧客範囲を十分に拡大するためには、現在のVELからどの程度離れる必要があるか。潜在顧客の注意を引くためには、どの程度の差別化を図るべきか。その場合、競合の頑強な抵抗が予想されるか。自社製品にはどれだけの便益を追加できるか。またどの程度値下げしたいのか、あるいはどの程度の値下げなら吸収可能か。

VELから離脱するのは、明らかにリスクの高い戦略である。うまくいけば見返りは大きいが、実行前の検討が不十分であるために失敗するケースがきわめて多い。顧客は本当は何を望んでいるのか、競合はどう対応してくるのか、競合の行動で需要動向はどう変化するのか……。これらの点をきちんとチェックしておかないと、期待した利益は画餅と化す。

ダイナミック・バリュー・マネジメントを活用して環境変化に対処

競争上のポジショニングや顧客のニーズが突然変化して、対応策を練らなければならない――そんなときにも、ダイナミック・バリュー・マネジメントは有効だ。どこか一社の行動が一連の動きを誘発することは珍しくないが、ダイナミック・バリュー・マネジメントは自分が先手を打つときだけでなく、競合が打った先手への対応を考えるときにも役に立つ。

◉競合が先手を打ったとき

競合に先手を打たれた場合にも、自ら先手を打つ場合と同じく、先を見る目が求められる。それに、冷静さも必要だ。競合が値下げしたと営業部隊が大慌てで知らせてくると、すぐに何とかしなければと焦りやすい。そして、とりあえず最も簡単な対策である後追い値引きに走りがちだ。

しかし、それはほとんどの場合、大きな間違いである。ダイナミック・バリュー・マネジメントの手法で慎重に決定を下していけば、もっと効果的でコストのかからない対策が必ずみつかる。このとき、次の点をチェックするとよい。

●顧客は、競合がＶＥＬから離脱したと感じているのか。この点は顧客に直接アンケート調査を行い、確認すべきである。現場の声だけを聞き、せっかちに間違った判断を下すケースがきわめて多い。競合が動いた結果としてＶＥＬが全面移動するのでない限り、おそらく対策は不要である。

●ＶＥＬから離脱したことによって競合の顧客範囲は広がり、新たなターゲットの取り込みが可能になったのか。この点について市場調査の結果がノーなら、対策はやはり不要である。

●競合製品を購入する顧客が増えているとしても、スイッチしたのは自社の顧客なのか他社の客なのか、まずは確認すべきだ。それによって対策の時期と範囲が決まる。自社以外の顧客ならば、当面はその会社の対応を静観すればよい。最終的には競合する全社が対策を講じるとしても、その時期が重要な意味を持つ。各社の対応が五月雨式であれば業界全体のパニックや過剰反応を防げるだけでなく、顧客の購買行動を観察することによって思わぬ商機がみつかる可能性もある。

●いよいよ対策が必要となった場合、どの程度強力な対策を講じるべきか。商品、流通チャネル、市場、あるいはその全部について大々的な外科手術が必要なのか。価格の変更、便益の変更、あるいはその両方が必要なのか。

◉景気循環の影響を受けるとき

景気の影響を受けやすい産業の場合、バリュー・マップは競合の動きを受けて変わるだけでなく、景気の局面に応じた需要変動によっても変化する。はっきりした景気循環のある産業で、ダイナミック・バリュー・マネジメントを活用した例を以下に掲げる。

◉ケーススタディ：ペース・ペーパー・カンパニー

ペース・ペーパー・カンパニーは、ビジネス文書、カタログ、年次報告書などに使われる高級紙のメーカーである。ペースと競合二社（マルコ・ペーパー、バレンタイン・ペーパー）は、全国規模あるいは地方の印刷会社に直接納品している。ここでのポイントは、高級印刷紙の需要は景気の影響を強く受けて変動することだ。

ペースの製品は、品質が常に一貫して高水準であり、この点では群を抜いている。また正確な納品の点でも他社に引けを取らない。ところが需給が緩んでいるときにはシェ

図表2−11　景気循環によるポジショニングの移動

市場シェアが安定した業界

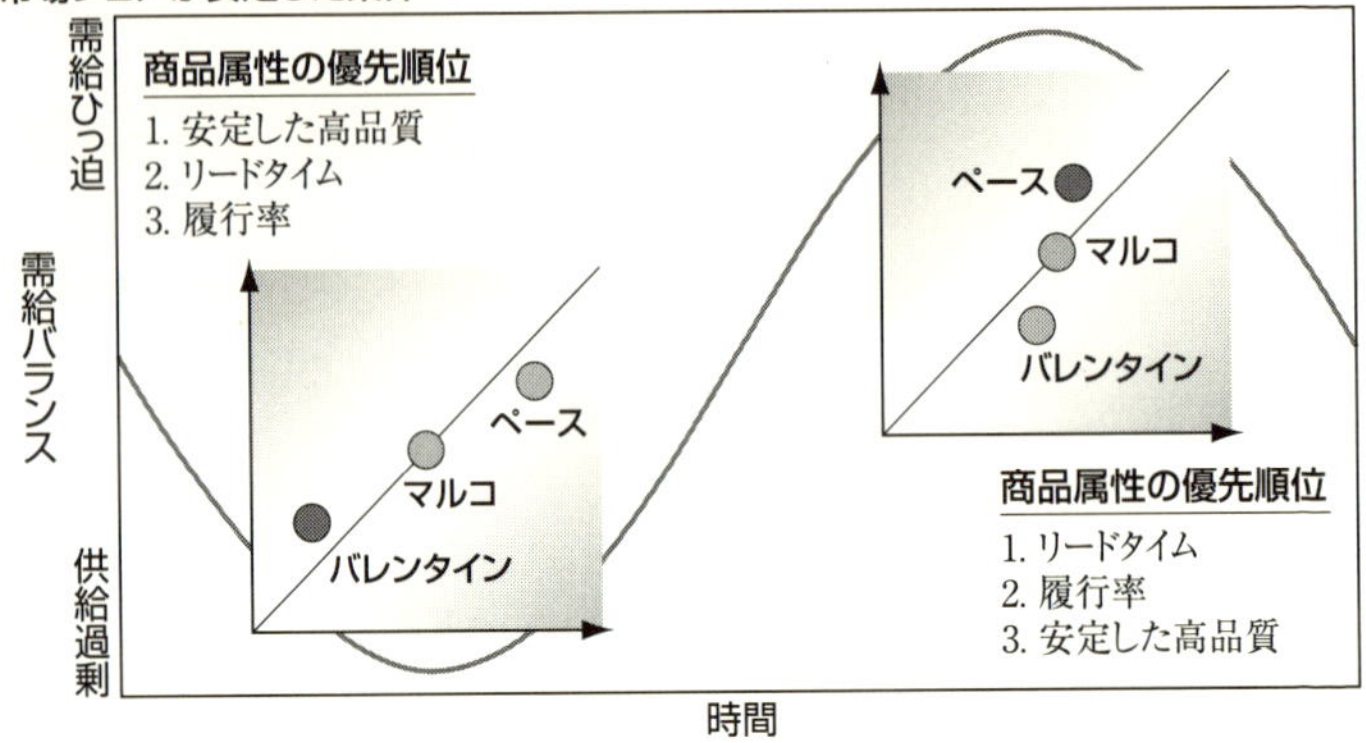

アを獲得できるのに、需給がひっ迫するたびにシェアが急減することに同社は気づく。品質は景気の上昇局面でも後退局面でも一貫して高い水準を維持しているのに、なぜシェアがこれほどはっきり上下するのか。ペースにはその理由がわからなかった。

シェア変動の背景には、売り手のほうは変わらなくとも顧客の行動が景気循環に応じて変わるという事情がある。図表2−11に、景気循環の局面に応じたバリュー・マップを掲げた。後退局面（供給が過剰）では、顧客は容易に必要量を確保できる。したがって安定して高品質の製品を買い入れ、印刷作業を効率よく進め、返品率をできるだけ抑えようとする。この時期には安全在庫が豊富だから、リードタイム（受注から納品までの日数）や注文履行率（初回納品時に受注全量を納入する率）はさほど問題にならない。ペースの製品はマルコやバレンタインより若干高めだが、安定した高品質という点でははるかに勝っているため、景気後退局面ではバリュー・プラス領域に位置づけられる。だからシェアが増えるのだ。図表2－11の左側のバリュー・マップが、この時期のポジショニングを示す。

しかし、景気が上向いて需給がひっ迫してくると、印刷会社の手元在庫は急減する。そうなると、在庫切れで生産ラインの一時停止に追い込まれる事態を心配しなければならない。そこで印刷会社は、多少の品質には目をつぶってでも納期を重視するようになる。つまり、図表2－11の右側のバリュー・マップが示すように商品属性の優先順位が変わり、「安定した高品質」という項目は三位に下がってしまう。代わりに浮上するのがリードタイムと履行率だ。そしてバレンタインは品質の面ではペースにかなわないが、リードタイムと履行率になるとペースを上回る。したがって景気上昇局面では、バレンタインがバリュー・プラス領域に位置づけられてシェアを拡大する。逆にペースはバリュー・マイナス領域となり、当然シェアを失うことになる。

図表2－11のバリュー・マップ分析でこうした手がかりを得たペースは、さっそく改善プロジェクトを開始し、需給ひっ迫期にリードタイムと履行率を改善する方策を検討

した。その結果、品質安定性の水準をごくわずかだけ（顧客がほとんど気づかない程度）引き下げれば生産量を拡大でき、リードタイムの短縮と履行率の向上が可能になると判明する。そうなれば、ひっ迫期でもVEL上にとどまれるはずだ。

そして、需給が緩んだら従来の品質水準に戻せば、もともとのバリュー・プラス領域でのポジショニングを一段と強化できる。景気循環に応じてこうした微調整を繰り返したペースは、値下げやポジショニングの低下を招くことなく、景気上昇局面でもシェアの確保に成功したのだった。

ダイナミック・バリュー・マネジメントの優位性

今日では商品のライフサイクルが短くなっている。たとえばコンピュータ業界では、年単位ではなく月単位で数えるほどだ。また、顧客は目が肥え難しい要求をどんどん出してくるし、多くの市場には地域のみならず世界を股にかける競争相手が進出している。こうした状況では、バリュー・マップは従来よりずっと速いペースで変化する。幸いにも市場調査技術も進化しているため、効果的なダイナミック・バリュー・マネジメントが容易に行えるようになった。

安易な値下げなどに走らずこの手法で規律をもってバリュー・マネジメントを行えば、シェアや収益性を継続的に改善できるだけでなく、次のような副次的効果も得られる。

●社外からデータを収集し分析したうえで、顧客が実際に重視する商品属性や便益を把握するため、顧客の視点により近づくことができる。

●顧客の視点で見た競合の競争優位や、競合の戦略、自社が価格・便益を変更した場合の相手の反応などについて、深い理解が得られる。

●価格、便益、納期、競合の能力、顧客の嗜好性の変化の関係性を明確に把握できるので、製品・市場戦略を統合的に立案できる。

適切なダイナミック・バリュー・マネジメントに期待できる効果は、これまでになく大きくなっていると考えられる。しかし逆に取り組みを誤ると、失うものもまた大きい。売り手にとって今日の市場は、変化と不確実性が逆巻く大海原である。その荒波を乗り越えて航海するとき、ダイナミック・バリュー・マネジメントは確かな羅針盤となるだろう。

アメリカの小型スポーツカー市場を席巻したマツダ

図表2－12　マツダのユーノス・ロードスター

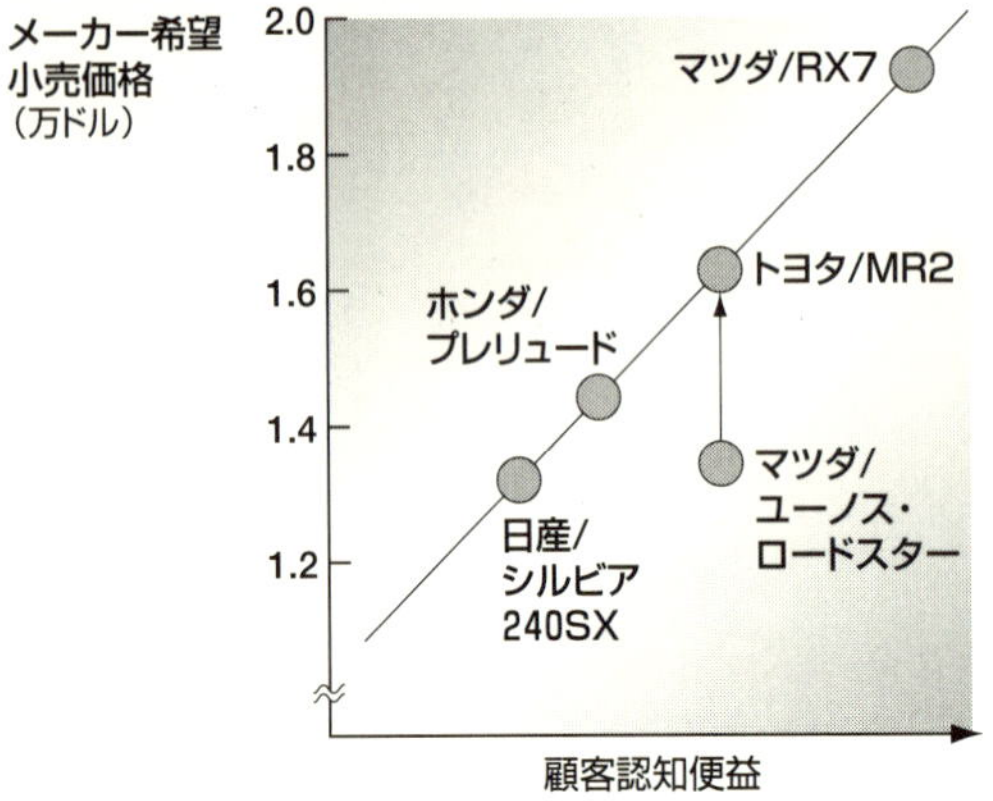

一九九〇年、マツダはアメリカ市場にレトロなスポーツカー、ユーノス・ロードスター（英名ミアータ）を投入した。メーカー希望小売価格は一万三八〇〇ドル。熟年に達しつつあるベビーブーム世代のマニアたちは、この車に熱狂した。かつてはMGやトライアンフといったイギリスのメーカーによるクラシックなロードスターが彼らのお気に入りだったが、マツダの車はイギリス製に負けず劣らず魅力にあふれ、しかもつくりが丁寧で信頼性も高い。ユーノスはたちどころにアメリカ市場で大ヒットした。

ユーノスは個性的な車だが、コンセプトは実にシンプルである。それだけにマツダは、この車の魅力や買い手にとっての便益を過小評価していた。このため価格を便益に比して不当に低く設定してしまう。しかし、マツダのディーラーはすぐにこのアンバランスに気づき、二〇〇〇～三〇〇〇ドルを「価格調整」として上乗せするようになった。買い手は、喜んでそれを払ったのである。

セグメンテーション

マーケティングとセグメンテーションに関する一般的な理論によると、セグメントとは、同一のニーズを抱え同一の購買行動をとる顧客のグループと定義されている。すると理論的には、厳密に定義されたセグメントを構成する顧客は一人残らず、VEL上にポジショニングされた商品いずれに対しても同じ反応を示すはずだ。したがってVEL上にポジショニングされた商品のシェアは、どれも等しくなる。

しかし現実にはそんなことは起こらない。理論と現実のギャップを説明する方法は二通りある。

- セグメントを狭く定義し、各セグメントには顧客が一人あるいは一社しか含まれないようにする。
- ある商品を買う可能性が相当に高い潜在顧客まですべて含めたセグメントを設定し、購買判断に違いがあると考える。

筆者は第二の方法を採用した。そのほうが、本論のコンセプトを矛盾だらけの現実世界に適用しやすいためである。

Chapter 3

The power of pricing

プライシングの威力

マイケル V. マーン
エリック V. ログナー
クレイグ C. ザワダ

【著者紹介】

Michael V. MarnとEric V. Roegnerはマッキンゼー・アンド・カンパニー、クリーブランド・オフィスのプリンシパル、Craig C. Zawadaは同ピッツバーグ・オフィスのプリンシパルである。

本稿の初出は、*The McKinsey Quarterly,* 2003 No.1

The power of pricing
The McKinsey Quarterly, 2003 No.1

第二次大戦の終結以来、価格に対するプレッシャーが今日ほど強くなったことはこれまでほとんどなかった。原因の一つは景気循環にある。欧米でも日本でも景気が低迷し、個人消費が頭打ちになった。だが、それだけではない。ウォルマートに代表されるように小売業の購買力が非常に大きくなりサプライヤーに圧力をかけるようになったほか、インターネット上で価格の比較が容易になるなど市場の透明性が高まったことも原因の一つである。中国をはじめ躍進中の新興国が、安い人件費を背景として工業製品価格を押し下げたことも、大きな要因だ。こうした打撃を次々に受けて企業の価格決定力は弱まり、なんとか現行水準だけでも維持しようと経営者は躍起になっている。

このような状況で値上げの話をするのはどうかしている、と思う経営者は少なくないだろう。だが事実に目を凝らせば、決して無茶な相談ではない。といっても、ここで論じるのは一律値上げではない。最も効果的なやり方は、買い手ごとに、あるいは一回の注文すなわち取引ごとに適切な価格を設定することだ。そうすれば、現在の価格設定より確実に利益は増える。今日の厄介な市場環境であっても、こうした意味での価格の引き上げ、少なくとも価格の安定を実現する余地は大いにある。

こうしたアプローチは、プライシング戦略のなかでも取引レベルに注目するものであり（章末の囲み「プライシングの三つのレベル」参照）、価格管理の一手法として一〇年前に我々が初めて論じた。(注)この手法の眼目は、値引き、割引き、リベートなどを適用した後に実際に買い手に請求する価格を解明することにある。この最終価格すなわち取引価格によって初めて利益が決まり、買い手や取引ごとに適切な価格が設定されているかどうかが判断できるからだ。

取引価格を解明するためには、「ポケット・プライス・ウォーターフォール」と呼ばれる、単純だが効果的な手法を適用する。そして企業が一回ごとの取引で実際に手にしている金額を把握し、利益拡大の機会をみつけるのである。本章ではこの手法を改めて取り上げ、企業や経済全体にもたらす劇的な変化を紹介したい。数百社に上る企業にプライシングのコンサルティングを行ってきた経験から、いまなおポケット・プライス・ウォーターフォールは真の取引価格を明らかにし、利益拡大の機会を見出す有効な手法と断言できる。

ただし我々は、事業環境の変化に合わせて、ポケット・プライス・ウォーターフォールの適用範囲を大幅に拡大した。顧客ごとにカスタマイズした商品やソリューションを用意する企業が増え、セット販売やサービス・パッケージなどが氾濫する現状では、一回ごとの取引について利益を把握するのは至難の業である。こうした事情を勘案して、ポケット・プライス・ウォーターフォールにも改良を施した。

今日、企業経営者にとって取引価格の重要性はますます高まっている。もはや一九九〇年代のように価格設定が多少いい加減でも売上げが二桁成長し、潤沢な利益を手にできる時代ではない。おまけにどの企業でも容易なコスト削減の余地はきわめて乏しい。したがって、プライシングこそ利益拡大のために残された数少ない手段の一つと言える。いまプライシングに真剣に取り組む企業こそが、次の景気拡大期に収益を伸ばすのに有利な地位を得られるだろう。

一％効果

適正なプライシングは、利益を拡大する最も効果的で手っ取り早い方法である。S＆P一五〇〇構成企業の平均的な財務諸表を例にとって考えてみよう。価格を一％引き上げたとしても売上げ数量が同じだとすれば、営業利益は八％増える（図表3–1）。原料費や人件費などのコストを一％切り詰めた場合と比べ、利益に与える値上げの効果は一・五倍近く大きい。また、売上げ数量を一％増やしたときと比べれば、効果は三倍以上になる。

図表3−1　**1%の威力**

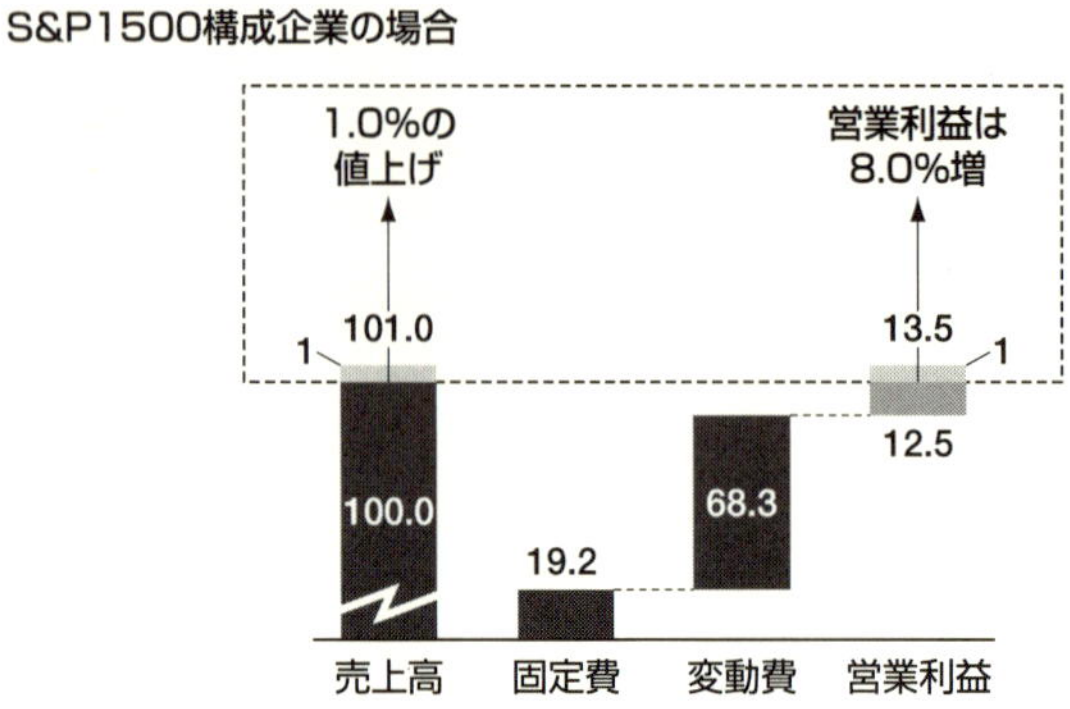

資料：Compustat（分析はマッキンゼー）

ただし、プライシングは両刃の剣である。平均価格を逆に一％引き下げると、他の条件が変わらないとき営業利益は八％減ってしまう。企業にしてみれば、「値下げで売上げ数量が増えれば、減益分を取り返してお釣りがくるから利益は増える」と言いたいだろう。しかし残念ながら、そんなケースは滅多にない。もう一度S&P一五〇〇構成企業の例で言うと、五％の値下げによる減益を埋め合わせるには売上げを一八・七％も拡大しなければならない。現実には、値下げだけでそれほど需要が増えるケースはきわめて稀である。値下げをして売上げ数量を伸ばし最終的に増益に結びつける戦略は、どんな市場・業界でもまず失敗に終わる傾向にある。

ポケット・プライス・ウォーターフォールの適用

商品やサービスの表示価格から、実際にどれだけの金額が企業のポケットに入るのか。取引ごとにこの点を細かく調べれば、取り分を一％増やすのは決して難しくない。とはいえ、取引価格を適正に決めるには、標準価格の設定や伝票上の価格の算定よりはるかに微妙な手腕が必要だ。顧客を獲得し売上げを確保するためと称してディスカウント、ボーナス価格、キャンペーン割引、ギフト特典といったものが次々に適用されれば、標準価格や基準価格から利益はどんどん目減りしてしまう（章末の囲み「ポケットには穴がある」参照）。

あらゆる値引き・割引きを差し引いた後に企業のポケットに入る価格を「ポケット・プライス」と呼ぶが、これが標準価格や伝票価格よりいかに低いかを示すために、ある国際的な照明器具メーカーの例を挙げよう。この会社は白熱灯と蛍光灯を販売店に卸しており、商品は販売店からオフィス、工場、店舗などに納入される。もちろん商品ごとに基準となる価格は決まっているが、ディスカウントが適用されるため、伝票価格はす

図表3–2　ポケット・プライス

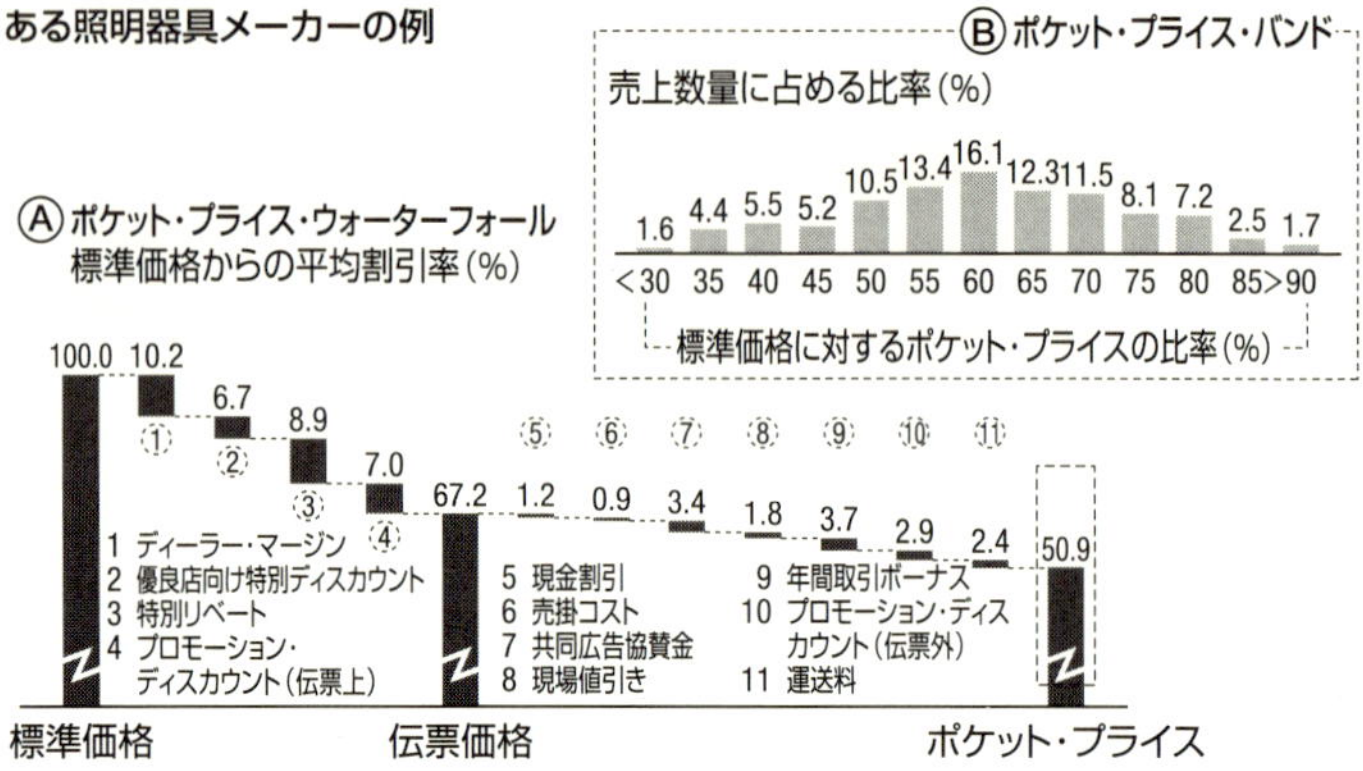

でに標準価格より三二・八%も安い。伝票価格には、全販売店向けのディーラー・マージン、優良店のみを対象とする特別ディスカウント、大口顧客向けのリベート、プロモーション期間中の割引きなどが適用済みである。

プライシングを担当するマネジャーは、チェックが簡単な伝票価格につい注意が向きやすい。だが、伝票価格と実際の価格は相当に違う。伝票を起こした後でも、さらなる値引きやそれに準じるコストが適用されるからだ。この照明器具メーカーの場合、即日払いに対する現金割引、売掛コスト(回収までの金利など)、共同広告への協賛金、年間取引ボーナス、キャンペーン期間中の特別割引、運送料が伝票価格から差し引かれていく。伝票価格段階ですでに引かれた三二・八％にこれらを加えると、平均的なポケット・プライスは、標準価格のなんと半分程度になってしまう（図表3-2のⒶ）。過去一〇年にわたり、企業はあの手この手のディスカウントでお客を釣り上げようとしてきた。オンライン注文の割引き、時間通り配達できなかったとか全品を即納できなかった場合などのペナルティなども登場している。

ポケット・プライス・ウォーターフォールで判明したあらゆる要素を緻密に管理すれば、おそらく一％あるいはそれ以上の実質価格引き上げの余地がみつかるはずだ。伝票上の割引きであれ、伝票外の値引きであれ、慎重に調整して取引ごとの価格をうまく引き上げることは大いに可能と考えられる。

ポケット・プライス・バンド

ポケット・プライス・ウォーターフォールは、あらゆる取引の平均として作成することが多い。しかし、割引きの内容や合計額は、顧客によって、また取引によって異なる。したがって、最終的なポケット・プライスには大幅なばらつきが出るのが普通である。

全取引の分布範囲をカバーするこの価格の幅を、「ポケット・プライス・バンド」と呼ぶ。先の照明器具メーカーの場合、ある電球のポケット・プライスは標準価格の三〇％以下の場合もあれば、九〇％の場合もあった。つまり一番高い取引価格は、一番安い価格の三倍にも達していたのである（図表3-2のⒷ）。ずいぶん差があると思われるかもしれないが、特に珍しいことではない。我々の調査によると、最高値が最安値の五～六倍に達するケースもあった。

ポケット・プライス・バンドが広いのは、必ずしも悪いことではない。広い価格幅は、さまざまな顧客、さまざまな競争条件が存在すること、そしてポケット・プライスのばらつきにはさまざまな理由があることを示す。バンドが大きく広がっていれば、取引の分布状態を少し変えるだけで平均価格を簡単に一％以上引き上げられる。たとえば高価格帯で売上げを少し増やせれば、低価格帯の取引が増えても減っても、平均価格は押し上げられるはずだ。ただし、バンドが狭いと手を打つ余地が乏しく、取引分布を変えるのは難しい。また、何か策を講じても、なかなか平均価格に反映されない。

件の照明器具メーカーは、ポケット・プライス・バンドの広さに驚きはしたものの、すぐさまその原因に思い当たった。大口顧客には大幅値引きをしているから、そのせいだというのだ。こうした商慣習には言うまでもなく大口顧客を囲い込む狙いがあり、ま

図表3－3　ポケット・プライス・バンドに関する思い込みと現実

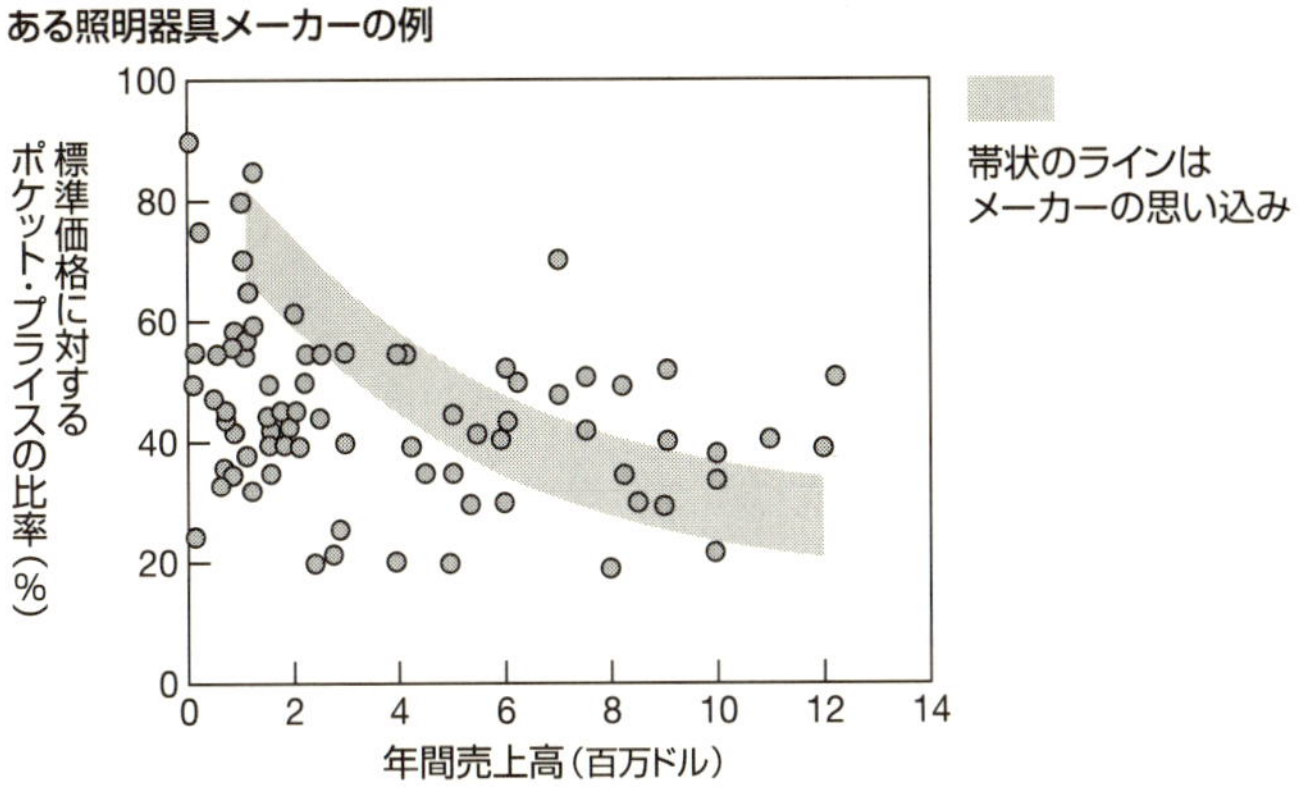

た実際に大口顧客は物流コストなどが割安になるので、もっともな対応と言える。しかし、ポケット・プライスの分布を細かく分析したところ、メーカーの言い分はまったく的はずれであることが判明した（図表3－3）。

大口顧客なのに小幅の割引きしか受けておらずポケット・プライスが高いケースが多々ある一方で、小口なのに大幅割引きを勝ち取りポケット・プライスが本来より少ないケースが目立つ。確かに小口顧客のなかには、競争が激しいとか市場全体が低迷しているといった特別な理由から大幅割引きを適用してもらっているところもある。割引率の高い顧客のほとんどは長年の取引先であり、特別値引きや支払猶予、リベートの適用を情実絡みで担当者に頼み込めるというのが実態だった。手練手管に長けたこれらの「お得意さん」たちは、ポケット・プライス・ウォーターフォールを自分たちに有利に使いこなしていたのである。

そこでこのメーカーは、三方面から問題解決の作戦を練る。第一に営業部隊に対して、不当に大幅値引きを受けている小口顧客のポケット・プライスを他社と釣り合う程度に引き上げるか、うまくいかなければ取引を停止するよう指示した。一年以内に八五％の顧客がその条件を受け入れ、条件を呑まなかった顧客の分もすぐに新規顧客で穴埋めすることができた。第二に、他社より高いポケット・プライスを払ってくれている顧客に対しては、取扱量を増やす販促プログラムを開始した。そして第三には、値引き適用に厳しいルールを設けると同時に、ITシステムを整備してポケット・プライスを効率的に追跡調査できるようにした。こうして取引価格を厳格にコントロールした結果、一年後にはポケット・プライスは平均三・六％押し上げられ、営業利益は五一％増を記録するに至ったのである。

短期作戦に加え、このメーカーはポケット・プライスを顧客特性に合わせて是正する長期作戦も展開した。具体的には、各顧客の取引量や取引の種類、顧客セグメントに基づいてポケット・プライスの目標圏を設定。価格を見直す場合や新規顧客を獲得した場合には、これを基準に価格を設定するようにした。

ポケット・マージン

扱う商品・サービスが規格品であって、かつ販売コストや運送費などがほとんど変化しない企業の場合には、ポケット・プライスが適切な価格指標となりうる。しかし競争が激しい今日の市場ではどの企業もなんとか差別化を図ろうと躍起になっており、取引ごとにカスタマイズされた商品やサービス・パッケージなどを提供するほか、特別な配送サービスやテクニカル・サポートを用意するなどの工夫も凝らす。こうなるとポケット・プライスでは、ある顧客に商品やサービスを提供するときの実際のコストを反映しきれない。こんなときには、注文ごとに異なるコストを差し引いた後で最終的に企業のポケットに入る利益、すなわちポケット・マージンが意味を持つ。ポケット・マージンは、ポケット・プライスから商品そのものにかかるコストや、顧客向けサービスのコストを差し引いて算出する。

ここでは、重量トラック・農機・建機用の強化ガラスを扱うある北米のメーカーを例にとろう。このメーカーは、ポケット・マージンに着目して利益の大幅増を達成した。重量車両用の強化ガラスは、受注生産が基本である。したがって一回の取引ごとにかかるコストは当然違うし、その他の経費も相手によって異なる。たとえば納品時には、顧客企業の組立ラインに合わせた専用コンテナに収めて納入するといった具合である。個別加工や個別サービスのコストは顧客によってかなりばらつきがあるが、同社の場合、基準価格の一七％以内の範囲には収まっていた（図表3-4のⒶ）。

顧客ごとに細かくチェックすると、ポケット・プライスの場合と同じようにポケット・マージン・バンドがわかる。このガラスメーカーのポケット・マージンは、最高が基準価格の六〇％、最低はマイナス一五％（つまり一五％の赤字）だった（図表3-4のⒷ）。現在の稼働水準で損益分岐点をクリアするためには、固定費配分後のポケット・マージンを最低でも一二％確保しなければならない。しかし、売上高の四分の一以上に当たる取引が、これを下回っていた。

このガラスメーカーはそれまで伝票価格と標準的な製品コストに基づいて価格を設定しており、伝票外の割引きや特定の顧客に提供するサービスのコストにはあまり注意を払ってこなかった。しかし、ポケット・マージン・バンドのおかげで、利益率の高い顧客や低い顧客が明らかになった。利益率が不当に低く、たとえ今後の取引を失うことに

図表3−4　ポケット・マージン

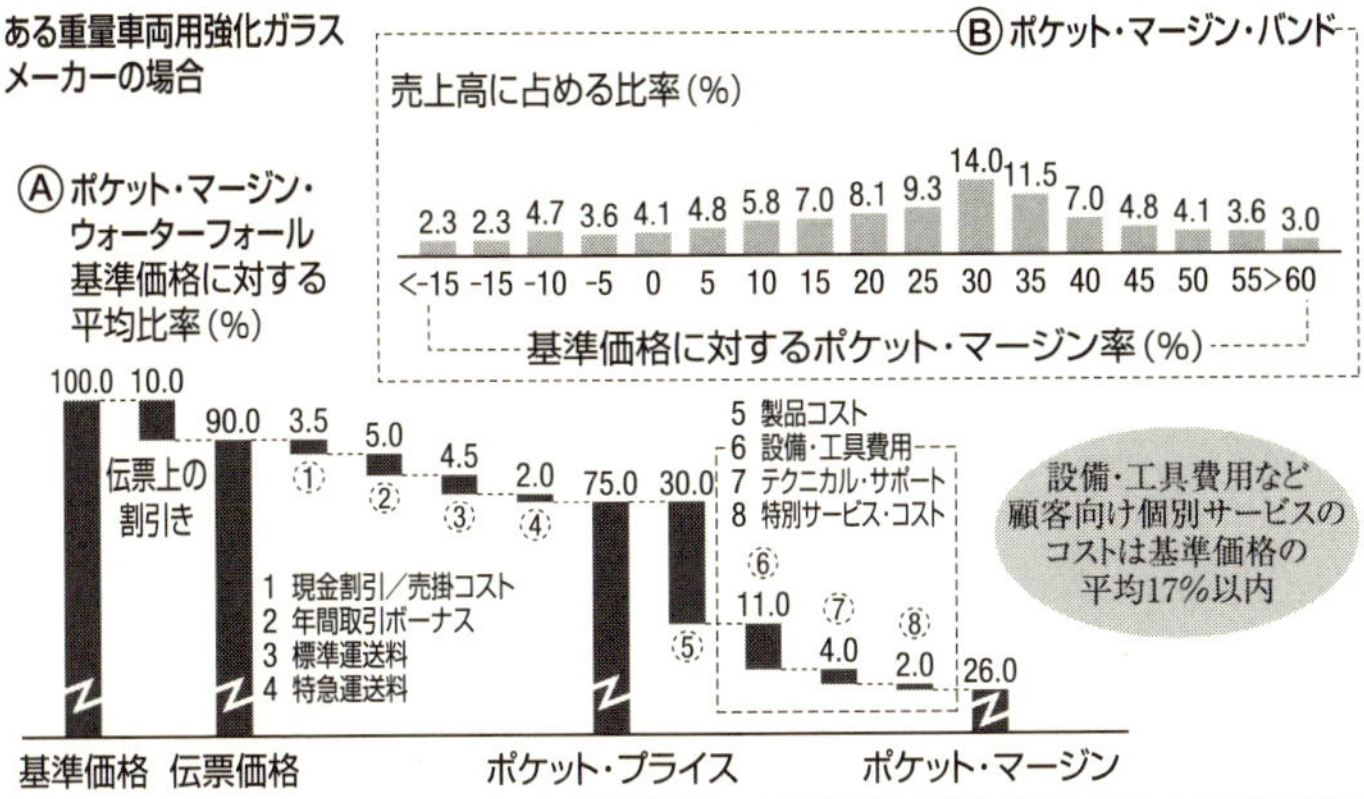

なっても強硬に価格引き上げ交渉をすべき顧客がいることも判明した。また、マージンが大きい顧客セグメントも特定することができた（たとえばドア用フラットガラスの中程度の取引量の顧客グループといった具合に）。さらにこのメーカーは、ポケット・プライス・ウォーターフォールの標準的な項目の一部を見直し、明確な基準と説明責任を決めて値引きを規律的に管理するようにした。たとえば売上げ数量ボーナスを出すのは、ストレッチ（能力に比べてやや高め）な数値目標を達成した場合のみとする、一部のテクニカル・サポートは有料にする、などである。こうして利益率の高い顧客への売り込みに力を入れる一方で、あまりありがたくない顧客を徐々に整理。同時に割

引き方針も明確にした結果、たった一年間で平均ポケット・マージンを四％引き上げることができた。そしてそれは、営業利益の六〇％増につながったのである。

取引価格の重要性

ビジネスの世界では取引価格をめぐる駆け引きが毎日無数に展開され、勝ったり負けたりが繰り返されている。さしたる根拠もなく習慣的に値引きをしたり、場当たり的な割引きを適用すれば、一回で数パーセントも収入は減ってしまう。しかも企業はそうした損失を追跡する術すら持たない――伝票外の項目ではなおさらである。取引の数は膨大できわめて複雑なうえ、共同広告の協賛金や運送料といった多くの項目は事後になってから判明するか、会社全体の合計額でしかわからないことが多い。現場のマネジャーが追跡調査をしたくとも、顧客や取引ごとに個別データを収集するのは、これまではまず不可能だった。

しかし、情報技術が発達したおかげで、最近ではこの問題も解決可能になっている。全社的な情報管理システムや市販のプライシング・ソフトウエアの助けを借りれば、取引価格を正確に把握するのはさほど困難ではなく、もはやデータ収集の難しさは言い訳にはならない。

価格プレッシャーがかかり続ける今日、企業はプライシングを軽視してはいられなくなり、また、適切なプライシングのためのスキル向上に取り組まざるをえなくなってきている。一九九〇年代の好況期には堅調な需要と精力的なコスト削減のおかげで企業の利益は急上昇したが、そのせいでプライシングにあまり注意が払われなくなった。しかし経済が世界的に低迷すると企業の成長は鈍化し、安易な値下げが横行するようになって、企業は価格決定力不足を露呈する。

多くの企業は高度な取引レベルのプライシングに秘められた意味にまだ気づいていないが、これを正しく理解することは、景気後退期に生き残り、上昇局面で成功を収める重要なポイントの一つである。取引価格マネジメントの理解と活用はますます重要になっており、また技術の進歩によって実行しやすくもなっている。

プライシングの三つのレベル

プライシングには三段階のレベルがあり、取引レベルはその一つである。三つのレベルはそれぞれ別のものだが同時に関連性もあり、どれか一つのレベルで行動を起こせば他のレベルにも影響が波及する。価格戦略で優位に立ちたい、つまりプライシングで他社に差をつけたい企業は、三段階すべてをマスターしなければならない。

業界レベル

このレベルでは、業界全体という最も広い範囲でプライシングをとらえる。ここでは、需要、供給、コスト、規制など価格に何らかの影響を及ぼすあらゆる要因を理解しなければならない。業界レベルでのプライシングに秀でた企業は不当な値下げ圧力をかわすことができ、多くの場合その業界のプライス・リーダーとなれる。

商品／市場レベル

このレベルでは、競争のなかでの位置づけにしたがって商品・サービスのプライシングを考える。そのためには、市場に出回っている全商品・サービスの価格設定を顧客がどうみているか、理解しなければならない。特に、購買決定で重視される商品・サービスの属性（無形の属性を含む）を突き止めることが重要だ。こうした知識があれば、自社の商品やサービスの競争優位を正確に反映する標準価格を設定できる。

取引レベル

このレベルでは、一回の取引ごとに適切な価格を検討する。標準価格にどんな割引きや値引きを適用するか、支払条件はどうするか、特典や優遇措置を用意するか、などを決める。取引価格のマネジメントは多くの場合、価格優位を得るために最も緻密で時間とエネルギーがかかり、情報システムを駆使しなければならない厄介な作業である。

ポケットには穴がある

伝票上にせよ、伝票外にせよ、さまざまな理由で価格は割り引かれ利益は失われる。いったいどんな名目で割引きが適用されるのか、ここで総復習しておこう。

- 年間取引ボーナス：年間購入額が設定基準を上回った顧客に支払われるボーナス
- 現金割引：短期間の支払い（一般に二週間以内）の場合、伝票価格に適用される割引き
- 委託販売費用：メーカーが販売店・卸売店の商品在庫を負担するためのコスト
- 共同広告協賛金：地元の小売店や卸売店が商品を広告してくれた場合に支払う協賛金
- 特別リベート：販売店が大口顧客や全国規模の顧客などの特定顧客に割引きを適用した場

合に払い戻すリベート
- ●運送料：顧客に納入するまでにかかる運送料
- ●新規市場開拓ボーナス：特定顧客セグメントを開拓するために適用する割引き
- ●プロモーション・ディスカウント（伝票外）：キャンペーン期間中の売上げに対するリベートなどの販売奨励金
- ●オンライン割引き：インターネット、イントラネット経由での注文に適用される値引き
- ●ペナルティ：品質や配達時間などの約束が守られなかったときに適用される値引き
- ●売掛コスト：代金請求から回収までにかかる金利など
- ●販売枠確保のための費用：一定の商品スペースを確保してもらうために小売店に払う費用
- ●在庫ディスカウント：季節的な需要増などを見込んで大量在庫を抱えてもらうときに小売店・卸売店に適用する値引き

【注】

マイケル・V・マーンとロバート・L・ロシェロによる"Managing price, gaining profit" *Harvard Business Review*, Sep-Oct. 1992, pp84-93（邦訳「ポケット・プライス・真実の取引価格」『DIAMONDハーバード・ビジネス・レビュー』二〇〇一年四月号）。

Chapter 4

Bringing discipline to pricing

プライシングに規律を

クリストファー C. オイクスター
ジェーティン N. カッカール
エリック V. ローグナー

【著者紹介】

Cristopher C. Eugsterはマッキンゼー・アンド・カンパニー、ヒューストン・オフィスのプリンシパル、Jatin N. Kakkarは同コンサルタントである。Eric V. Roegnerはクリーブランド・オフィスのプリンシパルである。

本稿の初出は、*The McKinsey Quarterly,* 2000 No.1

Bringing discipline to pricing
The McKinsey Quarterly, 2000 No.1

全般的に厳格に経営されているのに、ことプライシングに関してはいい加減という企業は珍しくない。価格を一％引き上げるだけで、営業利益は大きく改善される。その違いは変動費・固定費を一％削減したり、販売数量を一％増やしたりしたときよりもずっと大きく、S&P一〇〇〇構成企業の場合では、営業利益の改善は平均して約八％にも達する。にもかかわらず多くの企業は、声の大きい一握りの営業部員やプロダクト・マネジャーの主張にしたがって価格を決めてしまうようだ。そんなやり方では競争条件や需給事情に応じて市場ごとにプライシングを変えるきめ細かさは望めず、せっかくの儲けをみすみす逃す結果になりやすい。

個別市場の需給状況は、ごく単純な手法で測定できる。これを活用すれば、価格が高すぎる（あるいは低すぎる）かどうかがわかるし、その度合いも把握できる（章末の囲み「eチャネルのプライシング」参照）。

同じもの同士を比較する

多くの地域でさまざまな商品を扱っている企業があるとしよう。大幅値引きを余儀なくされる営業所は赤字すれすれかごくわずかな利益しか出ないが、表示価格通りかそれに近い価格で販売できるところは大幅黒字を計上している。好調な営業所が同じ地域に集中しているわけではないし、扱う商品が同じというわけでもない。不振の営業所についても同様である。そしてセールス・マネジャーたちは、好調・不調の原因としてさまざまな点をを挙げる。

利益格差の原因を突き止めようと地域別や製品別に営業所を分類するのは、適切なやり方ではない。地域別・製品別は規模別・顧客別と並んで昔からよく行われる分類方法だが、個々の営業所の市場環境が的確に反映されるとは限らないからだ。企業の価格決定能力を左右するのは、市場環境――具体的には市場の競合度合い（供給側の要素）と、事業機会の大きさ（需要側の要素）――なのである。したがって市場環境に基づいて分類しない限り、営業所間の格差を正しく理解することはできない。

原則的に、同じような市場環境にある営業所では、プライシングが似通ってくる。ある営業所の価格が、さらには利益水準が、同等の他の営業所（言うまでもなく、市場環境に基づいて正しく分類された他の営業所）を下回る場合、その営業所の営業・マーケティング力、サービス、物流などに問題があると言ってよい（注）。もちろん、例外もある。たとえば全社的な価格設定方針がその営業所にだけうまく伝えられていなかったケース、あるいは物流、サービス、もしくはローカルで調達した製品の品質など、営業所レベルでは解決不能の問題を抱えているケースもこれに該当する。

新しいプライシング・プロセス

まず第一に、営業所を意味のある軸（需要と供給によって規定される市場特性）にしたがって分類する（図表4－1の❶）。これにより、企業は自社商品・サービスの価格を最適化する第一歩を踏み出したことになる。次に、同じ競合環境にある（同じカテゴリーに属する）営業所について過去のプライシングをプロットする（❷）。その結果を踏まえ、各カテゴリー内でできるだけプライシング・パフォーマンスの格差をなくす方法を考え（❸）、新たな価格設定方針を組織全体に適用する（❹）。

この新しいプライシング・プロセスの第一段階では、ある市場あるいはある事業における需給状況を把握して、需要・供給フレームワークを作成する。商品によっては、既存店や既存顧客から情報を収集したり、新商品による増加分の市場規模を推測したりするだけで、将来の需要規模を推測できるものもあるだろう。しかしなかには、年齢別あ

図表4−1　新しいプライシング・プロセス

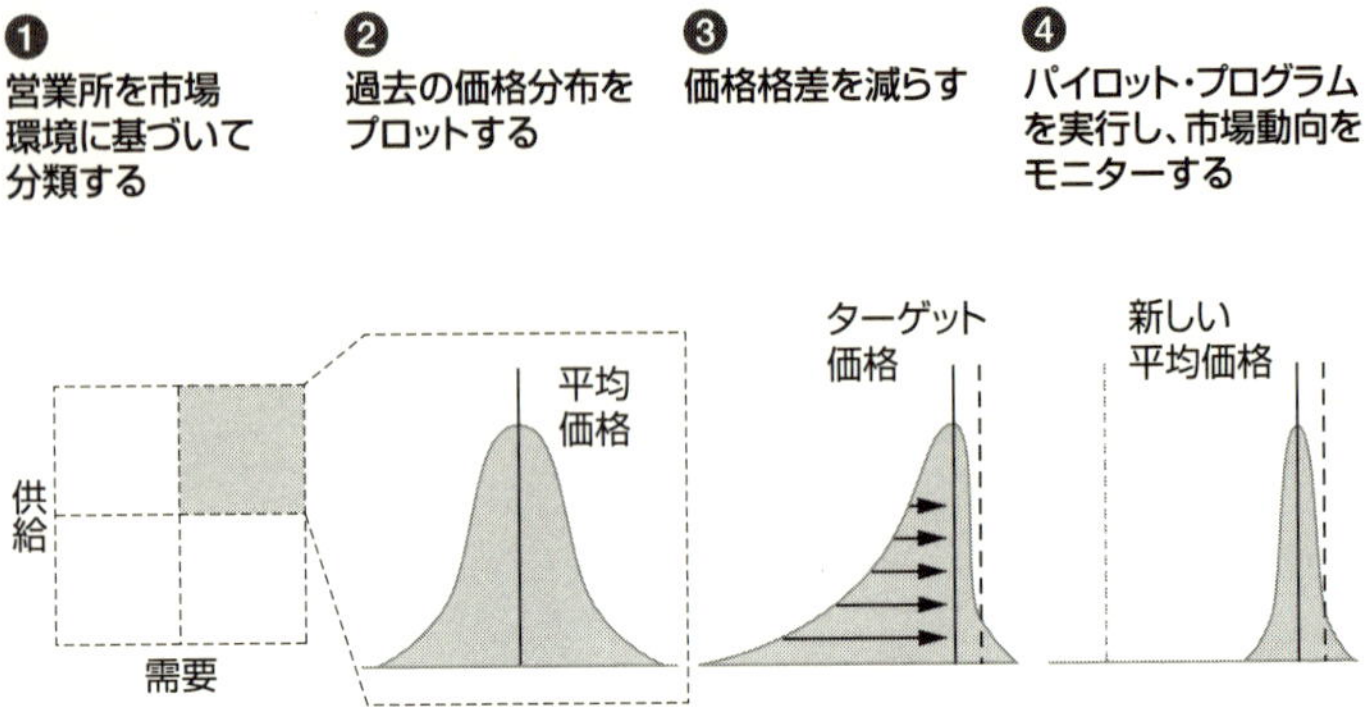

るいは嗜好別の人口変動、規模・業種別の事業成長率、製品間スイッチングのパターンなどが価格に与える個別・複合的な影響を考慮しなければならない商品もある。

　また、過去のデータが存在しない新商品の場合は、商品特性が似ていて同じような市場セグメントで販売されている既存品と比較して、需要動向を予想しなければならない。さらに、新規市場に投入される既存商品の場合には、既存市場での実績に基づいて価格やポジショニングを考える必要がある。

❶競合を定量的に評価する

　多くの企業では、供給側で直面する競合状況の度合いを評価するのに、市場調査やクチコミに頼ることが多い。たとえば悪いニュースが一つ舞い込んだだけで、シニア・セールス・マネジャーの判断は狂いやすく、本来有用な市場調査も役立たずになりがちである。

こうしたやり方よりも、全営業所から生の数値データを収集し、価格動向や競合の対応を追跡する手法のほうがずっと信頼性が高い。このアプローチでは、各営業所から次のようなデータを収集する必要がある。

- 営業所内のすべての顧客における主要競合企業の数
- 個別製品で評判のいい主要競合企業の数
- 営業所別の年間売上高の伸び（過去二、三年分）
- 見積もりを出したが成約に至らなかった案件の比率
- 初回見積価格と最終請求価格との平均乖離

最初の三項目については、簡単に正確なデータを集められるはずだ。残り二項目については、収集しうる最も正確なデータで済まさなくてはならない。

図表4-2　価格をプロットする

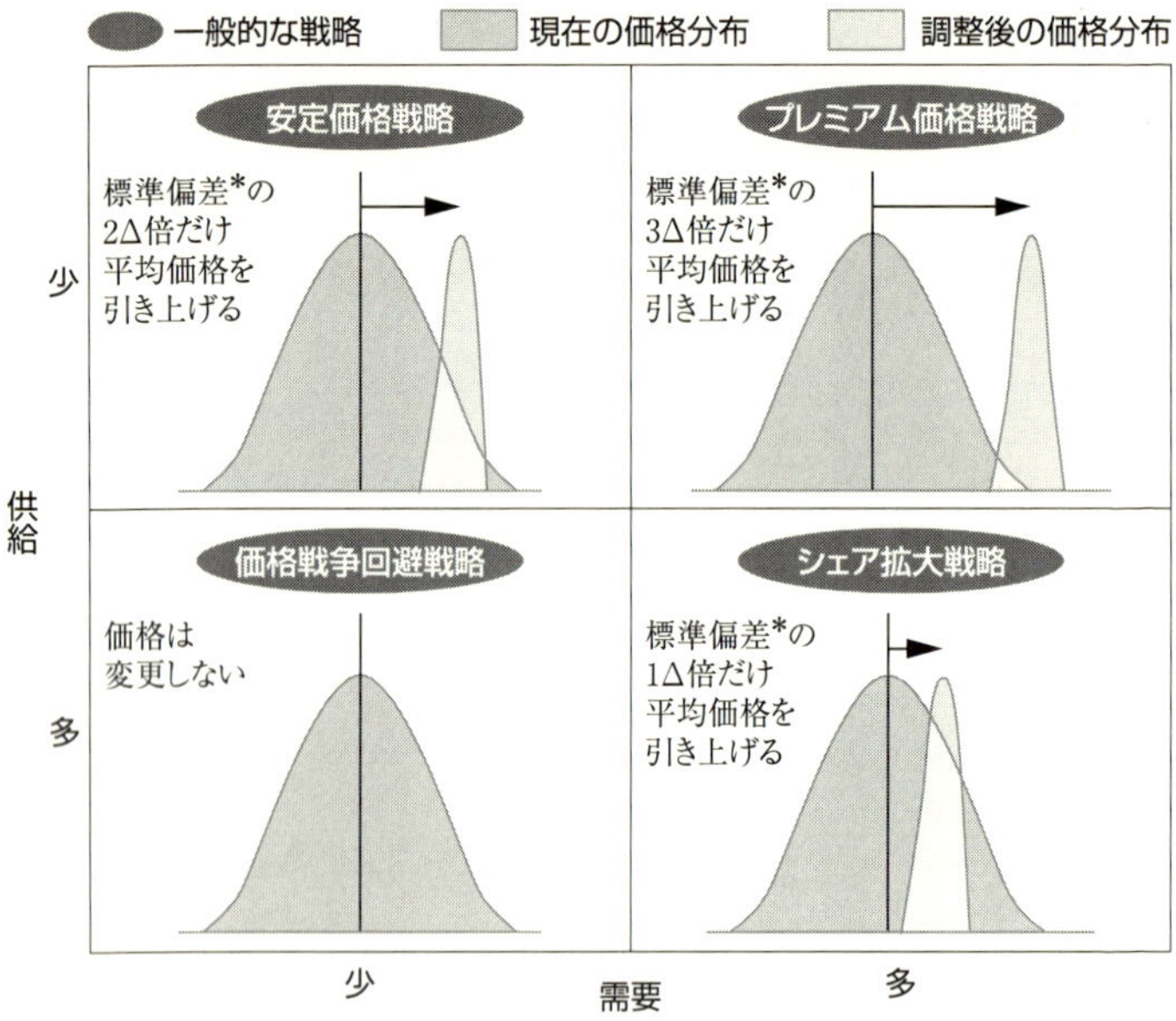

＊標準偏差：パイロット・プログラムの結果に基づきΔおよびΔの何倍にするかを決める。図中のΔ倍数は、グラフに描かれた戦略を示す。倍数は、企業の戦略に応じて決める。

❷過去の取引をプロットする

需給データが収集できたら、次に市場の競合度合いと事業機会の規模に応じて市場を四種類に分類する（図表4-2）。つまり営業所は、需要・供給の状況に応じて四つの象限のどこかに位置づけられることになる。続いて象限ごとに、各社の設定価格が時間経過とともに変化する様子をプロットしていく。

プロットしてみると、プライシングに大きな差があることが判明するはずだ。同じ象限に属す営業所の間の格差は、マーケティング、営業活動、あるいはサービスレベルにばらつきがあることを示す。

❸象限ごとに価格設定方針を決める

次に、同一象限内あるいは象限間でプライシングのばらつきをできるだけ均等化し、各象限内でのプライシング・パフォーマンスを高めなければならない。そのためには体系的な取り組みが必要である。たとえば需要が多く供給が少ない象限では、プレミアムを上乗せした価格を設定するチャンスが見つかるはずだ。

各象限の分布グラフの形は、市場条件によって変わる。図表4-3で解説するように、それぞれの分布グラフの形は、現在の目標価格や目標利益率と市場で実現しうる最高水準との乖離を示す。したがってここでは、非対称の分布曲線や裾広がりの曲線が何を意味するのか理解することが大切だ。各象限での価格変更は、分布グラフの形、最初の三、四のパイロット・プロジェクトから導き出された結論、業界での経験、セグメントごとの戦略に基づいて行うべきである。

図表4−3 分布を読む

分布	理由	対策
傾斜分布 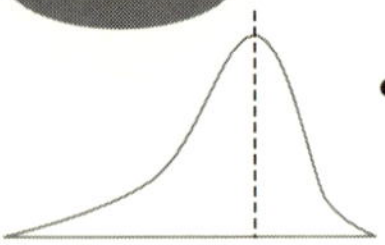	●分布曲線の右側が平らになっており、目標価格が市場の上限に近づいていることを示す。 ●平均価格を引き上げるためには、提供する価値を強化しなければならない（サービスの差別化、サービスの改善、営業力の強化など）	●ターゲット価格の引き上げにこだわらず、格差の縮小に努める。
中心を外れた山がある 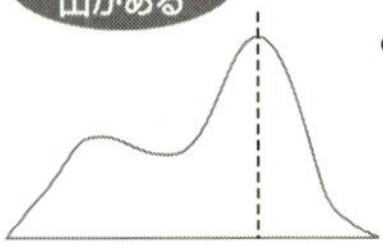	●営業所によって目標やインセンティブが異なる（例：高めのノルマ）。 ●一部の営業所が固有の問題を抱えている（例：製品ミックスや顧客構成、業務上の問題、経営上の制約）。	●データの精度を確認する。営業所の実績に影響を及ぼすような市場条件をチェックする。 ●本流と異なる営業所を隔離する。 ●状況に応じた是正策を講じる。
山が2つ以上ある 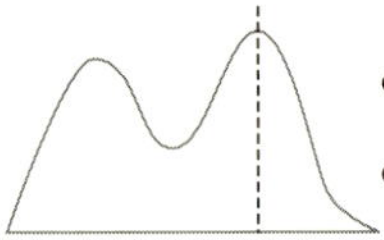	●セグメンテーションが市場環境に基づいていない（例：顧客分類が公共団体と中小企業に分かれている）。 ●市場環境が時間経過とともに変化した、あるいは地域によって異なる。 ●内部要因が変化した（例：新たな技術サービスが提供可能になった）。	●そうした変化が地域的なのか全社的なのかを見きわめる。 ●後者の場合、市場分類の基準にした要因やその重みづけを確認し、必要に応じて調整する。 ●前者の場合、根本原因を探って対処する。

いざ価格変更に踏み切るときは、問題の営業所へのサポートを怠ってはならない。ここで紹介したのは、問題のある営業所を突き止める分析ツールであるが、さらに経営陣はそれぞれの会社を取り巻く固有の要因を見きわめ、それにしたがって行動すべきである。具体的には、セールス・マネジャーを解雇する、マーケ

ティングやセールスの知識強化を図る、トレーニングやサポートを提供するなどの対策が考えられる。プライシングの効果を常にモニタリングしていれば、時間経過に伴う価格弾力性の変化を割り出し、次の価格変更の準備をすることが可能になる。

❹パイロット・プログラムを展開する

ここまでの段階で、行動に移るだけの手がかりは整ったはずである。しかし、価格変更に対する顧客の反応や顧客を失う確率を定量化するといったことは、実際にはきわめて難しい。また、小売段階ではどのくらいの顧客を競合先にとられたのか、引き続き注文をくれる顧客が実は競合にはもっと大量の注文を出しているのではないか、といったことはなかなか把握しにくい。「顧客弾力性」をめぐっても、同じような問題が浮上する。たとえばＩＴシステムの導入で手一杯の顧客は、売り手の価格設定や商品の性能などとは無関係に、調達を遅らせるかもしれない。

そうした状況を正確に測定することが困難である以上、価格を変える行動は慎重のうえにも慎重に行うことが望ましい。たとえば数カ月にわたってパイロット・プログラムを試行するなども一つの方法だろう。そうすれば、微調整をしながら対象セグメントの適正価格を試してみることができる。こうして顧客の反応をある程度把握してからなら、新しい価格をどう打ち出していくか、決めやすくなるだろう。価格と利益が最適化され、象限内のばらつきが減ってきたら、その後は市場条件やコストの変化を継続的にモニターする。

価格ではなく利益を最適化する

本章で論じているプライシングは、最適価格を設定し、価格変動をコントロールできるようになれば終わりというものではない。プライシングの究極の目的は利益の最大化であり、最適価格の設定と価格変動の抑制は単なる区切りにすぎない。

次の段階としては、企業は利益の上がらなくなった商品を峻別する必要がある。また価値を上回る価格がつけられている商品はないか、顧客の反応を継続的にモニターしなければならない。

市場が変化すれば、商品の提供価値も変わる。競争相手が増えることもあれば減ることもあり、既存品が改良され、あるいは新商品が投入されることもある。また、競争相手が値引き販売を始める、あるいは打ち切ることもあるだろう。したがって市場情報を

図表4−4　市場の評価と対応

価格水準が低すぎる
- 顧客の動きが鈍い
- 勝ち組―負け組の比率が下がる
- 商品一個当たりの固定費が低い
- 競合に比べて売上げ数量の伸びが大きい

対策
- 競合に対する価値の位置づけを見直す
- 価値の裏づけがある場合には、選択的に値上げを断行する

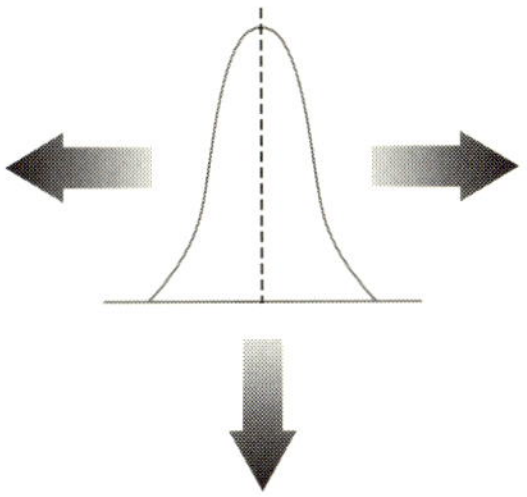

価格水準が高すぎる
- 顧客の動きが激しい
- 勝ち組―負け組の比率が上がる
- 商品一個当たりの固定費が高い
- 競合に比べて売上げ数量の伸びが小さい

対策
- 顧客の期待に沿えるよう、選択的に値下げを断行する
- 選択的に利益率を引き上げ、付加価値を高める

価格水準は適正
- シェアは安定している
- 価格や売上げ数量の急変はない
- 積極的に現場でプライシングを行う

ウォッチすべき項目
- 価格を設定し直す特別な機会
- 新規参入、新商品・サービスの投入

収集する都度、たとえ自社が価格の変更をしていなくとも、商品ごとに顧客・販売動向の変化を測定することが大切だ。測定結果によっては、価格の調整が必要になることもあるだろう（図表4−4）。

実販売価格すなわち最終価格は常に揺れ動く。したがって、商品にかかるコスト総額やそれが利益に与える影響は継続的にチェックしなければならない。最低利益水準を下回るような商品は、販売打ち切りも考えるべきだろう。とはいえ赤字を出し続ける商品

であっても、戦略的な理由から残しておく価値が認められる場合もある。商品ラインナップの構成上必要であるとか、大口顧客にアピールするために欠かせない存在である、といったケースなどだ。

新しいプライシングには新しい組織で

以上のように、このアプローチは、分析の厳密さとバイアスのなさを身上とする。したがって導入する場合には、企業組織そのものを大きく変えなければならない。プライシングを変えるのはどんな企業にとっても重大な問題であって、一朝一夕にできることではない。勘や断片的な事実に頼るやり方に慣れ切った企業では、抵抗が予想される。

こうした理由から、プライシングの提案を行い、その影響をモニターする専門のグループを組織内に設けるのが賢明な方法である。このグループは営業部門やシニア・マネジャーのサポートを受け、たとえ社内で反対にあっても、おそれず独自の提案を打ち出す。また価格変更の影響に常に目を光らせ、変更過程での調整の必要性も勧告する。企業というものは、長期的には売上げ・技術志向から価格・利益重視の体質に変わらなければならない。そう考えれば、プライシング専門グループは変革を促すエージェントと言える。

言うまでもなくこのグループのリーダーは、プライシングの提案による直接的な影響を受ける部門から独立していなければならない。たとえばマーケティング部門やファイナンス部門のなかに設置するなどは避けるべきである。このようにプライシング・グループはある意味で孤立することになるので、特に営業部門などから有能な後継者を確保できるよう、明確なサクセッション・プランを立てておくことも必要だ。この種のグループは往々にして幹部クラスの人間にとって目障りな存在になりがちなので、スタッフが所属部門に戻りたいときや昇進するときに政治的な妨害を受けないよう配慮が必要である。

またプライシングをめぐる営業部隊や顧客の懸念を払しょくするために、経営層は効果的なコミュニケーション・プランを立てる必要がある。重要顧客には選択的に割引きを適用する、営業スタッフを昇進させる、社員の給与水準を引き上げる、などの手数をかけておくことで、プライシング戦略は実行しやすくなるはずだ。

プライシングは、利益率を増加させる重要な要素である。本章で説明したアプローチを活用すれば、企業はさまざまな市場で適正価格を設定し、利益を最大化できるだろう。

ただしこのアプローチでは、大量のデータの分析、組織横断的な取り組み、把握困難なデータの追跡などが必要になる。したがってシステムやリソースへの投資、経営陣のバックアップが欠かせない。とはいえそうした努力を惜しまなければ、結局は代価は小さく得るものは大きいことがわかるだろう。

eチャネルのプライシング

合理的なプライシング戦略を追求しようとする企業にとって、最も悩ましい課題の一つが、従来のチャネルにおけるプライシング戦略とeコマースのプライシング戦略のすり合わせである。インターネットをはじめとするデジタル・ネットワークでは、各社の価格が明らかになってしまうため、価格はおのずと均衡化に向かう。しかもeチャネルは、安値をつける競争相手より始末に悪い。というのも、eコマースはその会社自身の従来チャネルも脅かすからである。この問題を防ぐ方法は二つある。

第一は、顧客に価格を見比べられ、あちこちのチャネルで一番安い商品をつまみ食いされないようにすることだ。言い換えれば単純な単価やサービス価格で勝負せず、ワンランク上の価値の提案をすることだ。たとえばカスタムデザインの製品やインストール済みのソリューションなどである。そうすれば、たとえばインターネット上のあちこちの店舗でパーツを買って安上がりにデータ・ネットワークを構築する、といった試みを阻めるだろう。

第二は、これまで売り込みをかけていなかった顧客層で市場機会を探ることだ。従来チャネル経由では経済的に見合わない規格外のパッケージを売るときなどには、eチャネルは打ってつけである。たとえばエアコンやヒーターなどの場合、従来店舗ではサービス込み価格で提供するが、eチャネルでは据付工事をしないといった具合に、サービスを必要最低限に抑えてはどうだろう。

【注】

条件の異なる営業所を同列に比較すべきではない。たとえば、地域によって違う相手と競合しているにもかかわらず、すべての地域において、顧客規模別、顧客タイプ別あるいは業界別で営業所を分類している企業について考えてみよう。もし、この企業の営業所の価格が同様の競争環境のなかで大きくばらついていたら、その原因を探すのに大いに苦労するはずだ。

Chapter 5

Why your price band is wider than it should be ?

最適なプライス・バンドを考える

K. K. S. デービー
アンディ・チャイルズ
スティーブン J. カルロッティ・ジュニア

【著者紹介】

K. K. S. Daveyはマッキンゼー・アンド・カンパニー、ニュージャージー・オフィスのコンサルタント、Andy Childは同オフィスの元コンサルタント、Stephen J. Carlotti, Jrはシカゴ・オフィスのプリンシパルである。

本稿の初出は、*The McKinsey Quarterly*, 1998 No.3

Why your price band is wider than it should be ?
The McKinsey Quarterly, 1998 No.3

食品や日用品といった消費財市場では、ブランドの収益性をマネージするうえでの決め手はプライシングにある――このことにメーカーはだいぶ前から気づいているが、それにもかかわらず、プライシングは実際には十分に活用されていない。価格管理をうまく行えば、利益率は軽く五％は上がるだろう。この潜在的な改善効果を実現するためには、消費行動を理解するだけでなく、その知識をプライシングに生かさなければならない。考えてみてほしい――モノを売る現場では、毎年何千回となくプライシングが実行されているのである。

利益改善の機会は存在するとしても、価格を決めて、それを効果的に実行するのはマーケティング部門の仕事だと広く一般に考えられている。しかし、消費者の購買経験から言うと、この通念はまったく間違いだ。

つい最近のことだが、知人が箱入りのシリアルを三・七九ドルで買った。この知人は大いに不満だった。というのも、わずか二週間前にはこの商品は同じスーパーで二・四九ドルで売られていたからだ。しかもそのときには七五セントの割引きクーポンを使えたので、実際に払ったのはたったの一・七四ドルだった。さらに悔しいことには、少し離れた別のスーパーに行けば、このシリアルはいつでも二・九九ドルで買える。なぜこうも価格にばらつきがあるのか。知人は憤慨するが、こんなことは珍しくない。商品の価格は、ほとんどの場合、本社のあずかり知らぬところで決められているのだ。

カテゴリーにもよるが、消費者が払う最終価格は、同じ商品でも相当に違う。まずはメーカーが行う販売促進活動がある。一時的な値引きもあれば、チラシ広告やクーポン付き広告による値引きもある。さらには期間限定の目玉商品特売、お試し価格、ボーナス・パックなどさまざまだ。販売チャネルに乗ってからも、小売店のプライシング・販促戦略次第で価格は動く。価格を恒常的に低水準に抑え値引きをしないエブリデイ・ロー・プライス（EDLP）戦略、対照的に通常の価格水準は高めに設定し頻繁にEDLPを下回る大幅値引きを提供するハイ・ロー（hi-lo）戦略、メーカー発行のクーポンを得意客に限り二倍に割り引くダブル・クーポン作戦、買い物のたびにポイントが貯まるロイヤルティ・カードなどはその代表例だ。さらに、販売チャネルの提供価値が変われば価格も変わる。便利な立地であれば価格は高めになり、サービスが悪く品揃えが不十分な店では価格は低めになる。

しかも、こうした売り手側の理由とは別に、消費者自身も価格を変えてしまう。街頭でただで配られるクーポンや店を出るときにもらえる割引券、ダイレクトメールに付いてくるオンパック・プレミアムなどを抜け目なく利用するからだ。SKU（Store Keeping Unit：個々の製品単位）別にできるこうした価格の幅のことを、「プライス・バン

図表5−1　プライス・バンドの実際

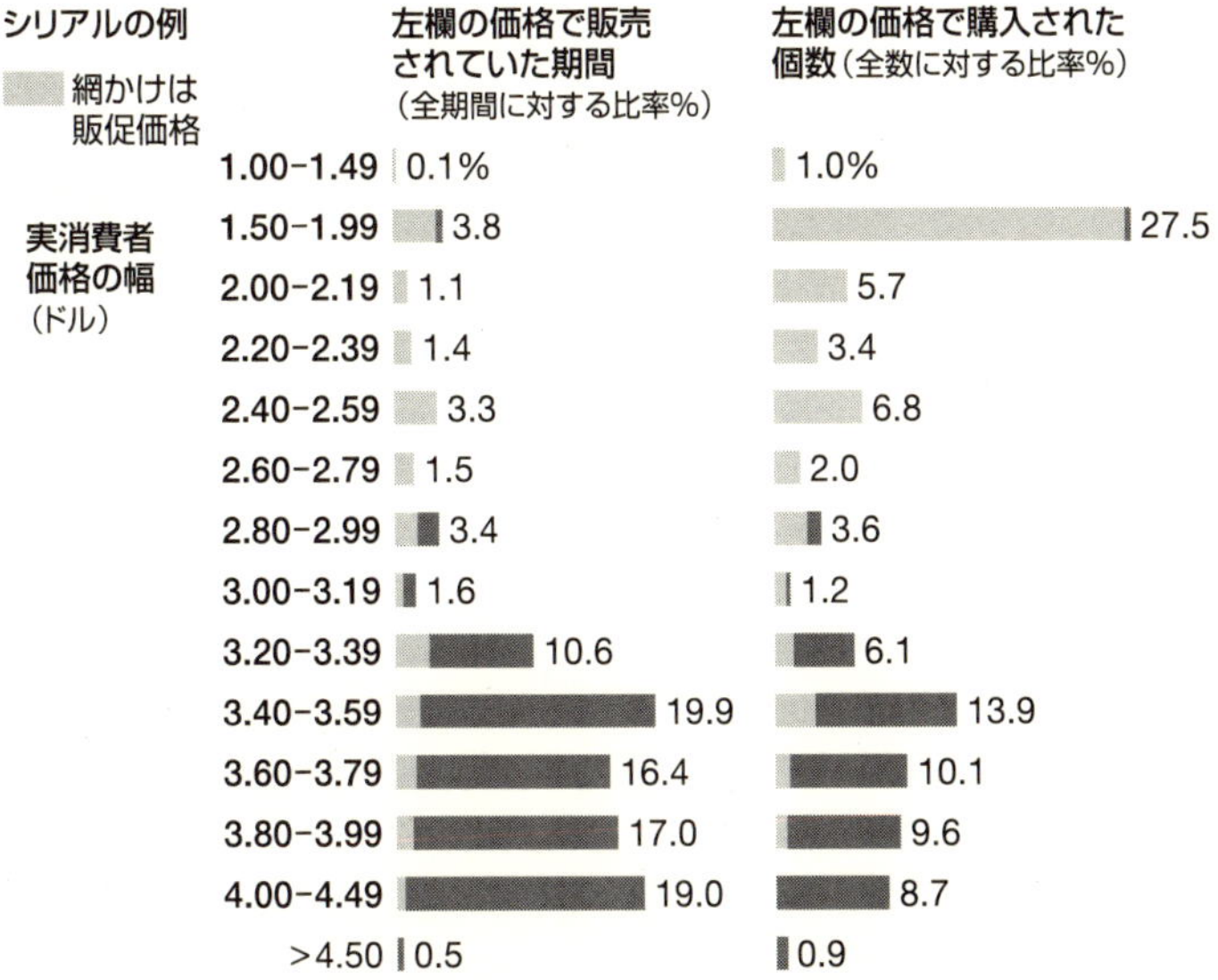

ド」と呼ぶ（図表5－1）。

ほとんどの消費財メーカーでは、プライス・バンドの決め手となる表示価格や小売店向け・消費者向け販促プロモーションの決定に複数の部門が関与する。おかげでこの決定はひどく複雑なものになってしまう。部門によって目標が違い、評価の基準も違うからだ。経営幹部が設定する表示価格には会社としての収益目標が反映され、物価水準、競争圧力などが考慮される。小売店向けプロモーションは営業部隊によって個店レベルで決定されるが、彼らは往々にして目先の売上げ数量にこだわりがちだ。一方、消費者向けプロモーションを中央集権的にコントロールするのはブランド・マネジャーであり、彼らは競争相手との駆け引きで値引きを決める。通常、こうしたバラバラの価格決定の結果、プライス・バンドが決定されるのである。

ただし企業は、こうした実態にほとんど気づいていない。ある商品の表示価格が○○ドルなのはなぜかと質問したら、ほとんどのマネジャーは、消費者が妥当と考える価格幅のぎりぎり上限だからと答えるだろう。だが本当にそうなら、なぜ表示価格はじわじわと上がり続ける一方、小売店・消費者向けプロモーションに資金が投じられ、結局は値下げが行われるのか。いずれにせよ、商品の何割程度が表示価格通りに売られているのか正確に把握している会社はほとんどあるまい。

また、価格を実際に決めているのはだれかと質問してみたら、まず間違いなく「本社のブランド担当」という答えが返ってくるだろう。彼らはプライシングの手法に精通しているスペシャリストだからだ。しかし、こうした思い込みはまったく間違っている。実際には売上高のおよそ一二％は小売店向けプロモーション経費のおかげで得られるのであり、その半分以上は現場（店頭）でコントロールされている。しかも、この比率は増える一方だ。つまりどんなブランドでも、戦術的プライシングの大半を掌握しているのは現場の営業スタッフということになる。

ところが、有能な営業スタッフを採用して訓練し、プロモーションの収益性を把握するために必要なデータや分析ツールを提供するといった対策を積極的に講じている会社は、ほとんどない。購買サイクルや在庫補充回数といった比較的簡単な数値ですら、販促戦略と関連づけられていないのが実態だ。特定セグメントでの値下げのインパクトを分析したうえで、価格のバリエーションを決める企業はごく少ない（この点はマーケティング・ミックスについても同様である）。業界リーダーと言われるような消費財メーカーでさえ、価格弾力性を正しく解釈できず、うまく活用できないでいる。その結果、収益性を大幅に損なうような価格を設定しがちだ。

価格は、さまざまな理由から行き当たりばったりで決められる。第一に、企業は競争に負けまいとしてつい値引きしてしまう。しかも顧客である小売店も、この手の値引きを強く望む。第二に、販促予算は、さしたる目標もなく計上されることが多い。たとえば「去年の予算に五％上乗せ」といった具合で、狙いがはっきりしない。第三に、顧客である小売店の都合で価格を替えざるをえないことが多い。たとえばＥＤＬＰを標榜する販売店は、「表示価格＋平均的マージン」を下回る通常価格の設定をメーカーに要求する。するとメーカーにとってはプライス・バンドの上限が押し下げられることになり、結果的にプライス・バンドは縮まることになる。

価格を賢く設定するためには消費行動についての深い洞察が欠かせず、また、それを個々の価格決定に生かすためのプロセスを整備しなければならない。消費者を知ることこそ、「消費者が妥当と考える価格幅の上限」を知るための唯一の方法である。競合や販売チャネルに関する知識ももちろん大切だが、そうした知識はむしろ消費行動に関する知識を補うものであって、決してその代わりにはならない。プライス・バンドの設定に当たっては、価格に敏感な消費者に対しては値下げをして売上げ数量を増やすこと、そうでない消費者に対しては製品の価値を訴えて利益を増やすことを目標とする。

最適なプライス・バンドを決定する

プライシングに影響を及ぼす消費者絡みの要因は、実にたくさんある。使用・購買オケージョン（機会）の変化もその一つだし、製品への顧客ロイヤルティ、地域別の嗜好性の違いなどもそうだ。とはいえ最も重要なのは、第一に価格設定・販促戦略による消費の拡大余地であり、第二にはブランド力である。

スナック菓子、クッキー、ソフトドリンクなど市場拡大が可能なカテゴリーでは、魅力的な価格設定や販促活動により、既存・新規顧客の消費量を増やすことで、売上げ量の増加が可能である。たとえばペプシは、販促によって売上げ数量が増えたとしても、実際にはその半分はカテゴリー自体の消費拡大が原因とみている。市場拡大が可能なカテゴリーでは、通常プライス・バンドを広めにとる作戦が適切である。一個当たりの利益が減っても、売上げ数量が増えれば総利益は増えるからだ。

第二のブランド力とは、製品・サービスが提供する有形・無形のメリットが消費者に及ぼす力である。ブランド力の高い「パワー・ブランド」はプレミアム価格を設定でき、また価格設定の自由度も高い。(注) たとえば洗剤の「タイド」やスナック菓子「ドリトス」などは、微々たる値引き(=プライス・バンドの縮小)でロイヤルカスタマーにまとめ買いを促すことができるし、競合ブランドからのスイッチや離反した顧客の呼び戻しも誘発できる。また、ときどき大幅値引き(=プライス・バンドの拡大)を実施すれば、ふだんはそのカテゴリー自体を買わない消費者まで引きつけることが可能だ。

以上二つの要因を正しく理解できれば、プライス・バンドは適切に設定できる。あるカテゴリーの消費量が大幅に拡大可能と見込まれ、かつ自社商品のブランド力も高い場合には、プライス・バンドを広くとるべきだ。つまり、通常価格を高めに設定しておいて、強力な販促攻勢をかける。こうすればロイヤルカスタマーの買い気を殺がずにすむ一方で、利益性を維持しながら販促を通じてライトユーザーや新規顧客を呼び込み、売上げ数量を増やすこともできる。

一方、カテゴリー全体としては拡大可能だが、自社商品に強力なブランド力が備わっていない場合はどうすべきだろうか。この場合にはプライス・バンドを狭くとり、通常価格を中程度に設定して、ほどほどの販促（過度の値引きはしない）を行うのが正解である。こうしたブランド力のない商品に高めの価格を設定するのは賢明ではない。しかしこの場合でも、販促活動を通じて、利益性を維持しながらその商品を含むカテゴリー全体の消費量を増やすことは可能である。

それでは逆に、商品自体のブランド力はあるが、カテゴリーの拡大可能性は低い場合はどうだろう。たとえばトイレット・ペーパーや洗剤のトップブランド、そしていわゆる高級ブランド品の多くがこれに該当する。この場合の正しい戦略は、プライス・バンドを極端に狭くし、販促も手控えることだ。この種の商品を値下げしても、長い目でみれば得られるメリットは小さい。値下げで売上げが伸びても、それは将来の売上げを食っているだけか、頻繁にスイッチする消費者によるものだからである。販促を手控え、その結果として競合もこれに追随するなら、「浮気」な客を峻別できる。

最適なプライス・バンドがわかったら、実際に市場で実行する前に、次の四点を検討する。

❶通常価格の設定――どの程度の水準にするか
❷プライス・バンド下限の設定――通常価格からどの程度なら値引きしてもいいか
❸効果的な販促手法の選択
❹販促の頻度の設定

❶通常価格の設定

あるＳＫＵ（個々の製品単位）について利益を最大化する価格を設定するためには、企業は価格弾力性（price elasticity）、価格閾値（threshold price）と限界価格差（price differentials）、自社のマージンを把握する必要がある。自社製品の価格弾力性は、販売・価格データを使った高度なエコノミクスの試算（ニールセンやＩＲＩなどの市場調査会社から入手可能）により導き出せる。

なお場合によっては、店内実験や消費者調査（例：コンジョイント選択、個別選択）などが必要になることもある。

価格閾値とは、たとえば一・九九ドルのように、それ以上だと需要が急落し、それ以下でも値段に比例する需要拡大が見込めない価格を指す。あるカテゴリー中の主要品目や、それと競合する商品に対してこの閾値は存在する。閾値は市場や地域によって特有であることが多いが、顧客レベルで異なることもある。

限界価格差とは、自社商品と主要競合品との価格差が開いていって、自社商品の売れ行きに急ブレーキがかかり始めるときの格差を意味する。限界価格差を詳しく分析すると、思わぬ発見をすることが多い。たとえばある企業は、主な競合品に対して全国的に〇〇ドルの価格差を設けようと計画したが、実際には最適格差は地域によって違うことが判明した。全国レベルでの分析だけでは、最適な価格差を評価するには不十分なのである。

原則的には、商品展開のなかで主要なパッケージやサイズについてシステマチックな分析を行い、常識と従来の経験で得た知識に基づき、その分析結果を他のパッケージやサイズに適用する。ただし、たとえば小袋を買うのは主にライトユーザーで、大袋はロイヤルカスタマーが買うというパターンがあるなら、大きな袋ほど価格を引き上げて利益を最大化する一方、小袋は価格を低めにしてライトユーザーを呼び込めばよい。過去の事例では、この方法をとって利益率を五%も引き上げることに成功した企業がある。

図表5−2　**価格閾値の把握**

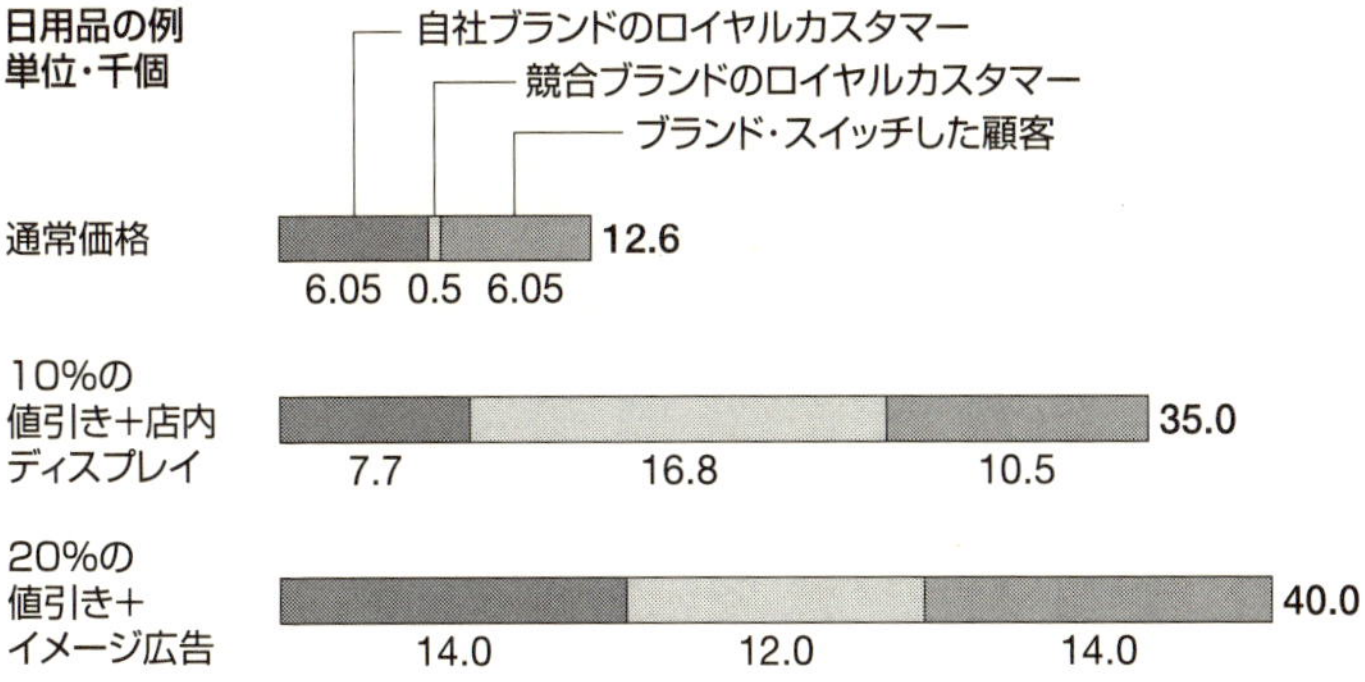

資料：ACニールセン

利益率の上昇幅としてはきわめて大きい数字である。

❷プライス・バンド下限の設定

適切な通常価格が決まったら、次はプライス・バンドの下限を設定しなくてはならない。経験則によると、値下げをしていけば最終的には閾値を割り込んでしまう。閾値に達すると、さらに値下げをしてもブランド・スイッチや新規顧客の獲得にはつながらず、売上げ数量もごくわずかしか増えない（図表5−2）。販促による最適な値引き幅はブランドによって違うし、経験的に決めざるをえない面があることも確かだ。ただし、多数のアメリカ市場を対象に三〇カテゴリーの調査を行ったところ、三〇〜

図表5－3　プライス・バンドの決定

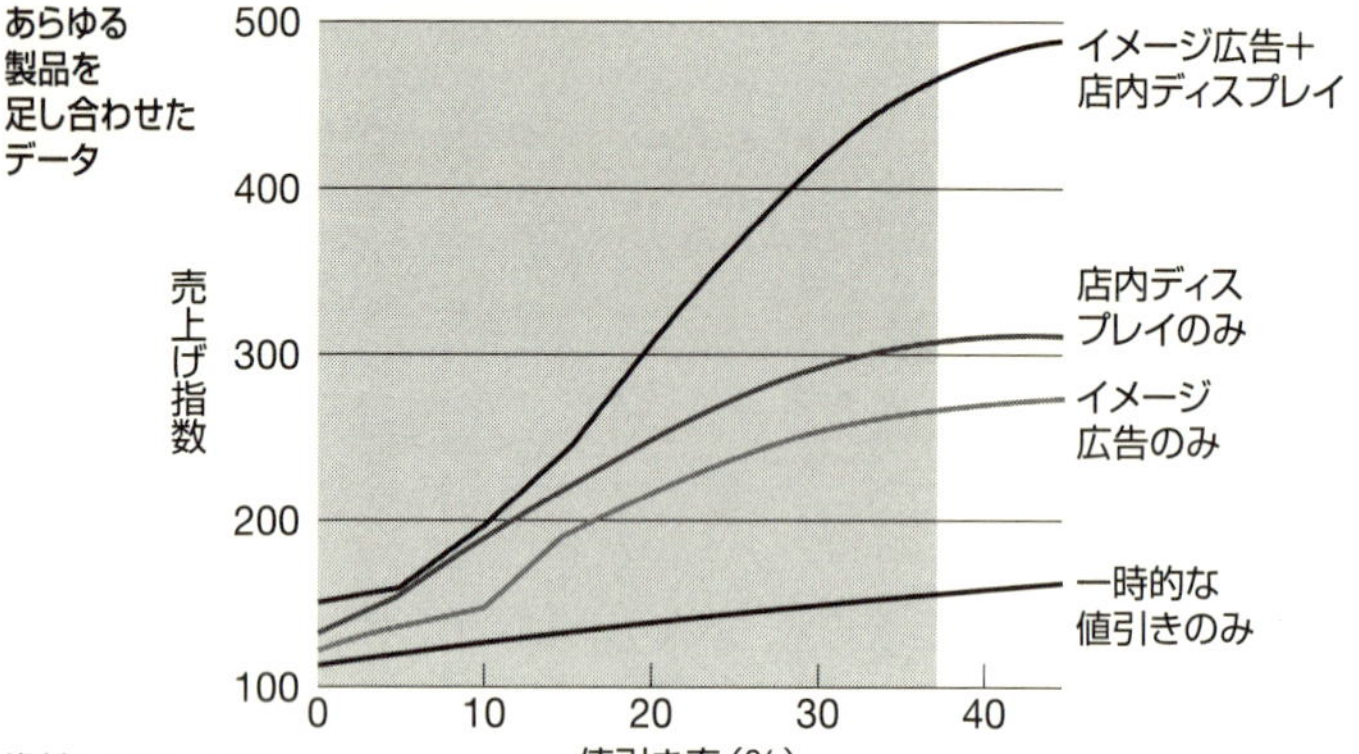

資料：ACニールセン

三五%以上の大幅値引きに対しては消費者の反応が横ばいになることがわかった（図表5－3）。この価格レベルが、プライス・バンドの下限である。

❸効果的な販促手法の選択

企業は、どの種の販促がどのタイプの消費者に対して効果が高いのかを理解しなければならない。筆者らの経験によると、一般にイメージ広告はブランド・ロイヤルティの高い顧客にアピールし、店内ディスプレイはブランド・スイッチを頻繁に行う顧客に効果がある。また、棚での値引きよりも店内チラシに割引きクーポンをつけるほうが、価格感度が高い消費者にターゲットを絞った、より効果的なプロモーションが可能である。その商品を購入する消費者のうちクーポンを利用して安く買う客は半数程度で、残り半分はクーポンに無頓着で高いまま買うからだ。

以上の経験的事実があらゆるブランド、カテゴリーに当てはまるわけではないが、的確な販促を実行すれば、価格敏感度の高い顧客層を狙い撃ちできるはずだ。ただしそのためには、消費者データの詳細分析が欠かせない。ありがたいことに、こうしたデータは市場レベル、顧客レベルいずれについても次第に入手しやすくなっている。データを入手したら、思い込みにとらわれず自由な発想で販促手法を設計したうえで、ターゲット・セグメントにおける売上げ・利益インパクトを測定し、最適化することで売上げ数量を増やしつつ、利益を確保できるセグメントを把握することが必要となる。

❹販促の頻度の設定

販促の頻度に対する消費者の反応は、地域によって、またカテゴリーやブランドによっても違ってくる。ここで考えるべき要因は、参照価格（reference price）とカテゴリー特性（category dynamics）である。参照価格とは、ある商品について消費者の心の中に形成される価格イメージであり、その商品に買う価値があるかどうかを決める判断基準となる。売り手としては、参照価格も、消費者が買い物のたびに目にする通常価格も、できるだけ高めに維持したい。というのも、あまり頻繁に値引きをすると消費者の心の中の参照価格は通常価格よりはるか下まで押し下げられてしまうからだ。一方、販促の回数を減らすか散発的に行うようにすれば、消費者はひどく得をしたように感じ、売り手にとって望ましい結果が得られる。

カテゴリー特性として重視すべき要因は二つある。第一は、ターゲット層の購入サイクルである。購入頻度が平均的に二カ月に一度程度なら、販促を毎週やっても効果は上がらない。第二は、過去の販促頻度である。今日では、多くのカテゴリーで販促過剰の傾向が認められる。あるカテゴリーにおいて、「この商品は○日ごとに安売りされる」といった期待を消費者がいったん抱いてしまうと、これを変えるのは難しい。販促は様子をみながら段階的に実施するようにし、必要最低限に抑えるべきである。

プライス・バンドを調整する

以上のように、プライス・バンドを決めるに当たっては、消費者をよく理解することが何よりも大切である。とはいえ、従来から重視されてきた競合相手や販売チャネルの問題をなおざりにしてよいわけではない。消費行動分析ではこれらの要素も間接的に考慮はされるが、プライシング戦略を微調整するためには、競合相手や販売チャネルの問題を直接的に検討する必要がある。

◉競合相手

どの競合相手の価格や販促に対しても、判で押したように同一の対応ですませる企業が多い。こうした企業は、競合の重みが同一ではないという事実を見逃している。たとえばある企業が消費者分析をしたところ、あるブランドの販促を行うと競合から必ずシェアを奪えるとの結果が出た。ところが競合が販促をしても必ずしもシェアは奪い返せない。こうした非対称の競争は決して珍しくない。ブランドのクオリティに明らかな差があり、価格帯がまったく別だと消費者が考えている場合は、特にこうした現象が起こりやすい。この場合、消費者は高品質を求めて比較的簡単に高価な上級品に乗り換える。しかしいくらお買得価格であっても、品質の劣る商品にはなかなか手を出さない。競合の行動に対応してプライス・バンドを調整するときは、次の三点を考慮すべきである。

❶あるブランドについてプライス・バンドを広くとりたいとき、競合が追随しなかっ

たらどうするか。逆にプライス・バンドを狭める対抗策に出てきたらどうするか。
❷あるブランドについてプライス・バンドを狭くとりたいとき、競合が赤字覚悟の猛烈な値下げでシェアを拡大したらどうするか。
❸市場拡大の余地がないカテゴリーについて販促を手控えたいとき、どのようにして業界の他社に影響を与えればよいか。

企業は多額の資金を投じて小売店や消費者向けの販促を行い、自社商品の価格を競争的な水準まで引き下げ、その結果、プライス・バンドは拡大する。こんな販促を行う前に、企業はよくよく考えるべきだ。「競争に応じる」という理由は価格設定の根拠として健全とは言えず、結果的に、競争に参加する全プレーヤーの利益が上がらずじまいになる可能性が高い。理由は簡単だ。小売店は競合する商品の広告や値引きを決して同時には行わないからである。小売店にとって「競争に応じる」とは、ある会社の商品を今週値下げしたら、翌週には別の会社の商品を値下げするという意味なのだ。値引きをすればたいていは利益が減るので、こうしたやり方では企業の利益を二回押し下げることになる。つまり自社が値下げしたときと、競争相手が値下げしたときである。

ある企業は、この種の販促合戦で文字通り死闘を繰り広げたことがある。相手はその地域で唯一の大手競合先だった。どちらも小売店向けの販促を絶え間なく展開したため、業績は大幅に悪化。そのうえ激しい競争にさらされている販売店が、そのカテゴリーを目玉に固定客をつかむ作戦に出たものだからたまらない。どちらの会社も値引きの悪循環にはまり込んでしまった。

そこでこの企業は、通常価格、販促による価格弾力性、消費行動を綿密に分析し、消費者志向型のプライシング戦略を採用。プライス・バンドを縮小し、チャネルやセグメントを絞り込んだ販促が功を奏して、利益率は四％アップした。また競合も追随してプライス・バンドを狭めたため、双方共に業績が好転している。

◉販売チャネル

消費者が消費財を購入するチャネルはさまざまである。チャネルによって提供する価値は異なり、また同じチャネルでも小売店によって店舗形態は異なる。たとえば立地条件がよく豊富な品揃えを提供する食品グロサリーでは、紙オムツや歯磨き粉など食品以外の商品の価格は高めだ。対照的に価格に敏感な顧客を相手にする倉庫形式の量販店では、価格は低いが品揃えは限られており、大型のパッケージしか扱わないことも多い。ほとんどのブランドがさまざまなチャネルで販売され、ポジショニングも多様である。

商品のなかにはチャネルによってプライス・バンドを調整しなければならないものがある。たとえばビールを考えてみよう。カテゴリー全体でも、個別ブランドでも、消費拡大の余地は飲食店よりもスーパーマーケットのほうが大きい。したがって、プライス・バンドを大きくとるのはスーパーマーケットのほうが適切である。レストランでサービスタイムなどを設定し値引きをするのは、考え直したほうがいい。ビールに限らず一般的に、企業は次の三点を十分検討しなければならない。

❶自社の戦略は、あらゆる販売チャネルについて十分に柔軟性があるか。特に各チャネルの主要顧客に柔軟に対応できるか。

❷消費者は、販売チャネルが提供する統合的な価値を、そこで扱っている商品のみから判断するか。また、販売されている商品カテゴリーは、小売店、あるいは販売チャネルの提供価値のなかでどのような役割を担っているのか。

❸価格設定・販促戦略をどのように手直しすれば、メーカーと小売店双方に利益をもたらすことができるか。

ここで頭に入れておいてほしいのは、メーカーだけでなく小売店も、それぞれに価格設定の方針を決めていることである。メーカーがハイ・ロー戦略など大幅値引きを前提にプライシング戦略を立てても、主力小売店がＥＤＬＰだったら、その戦略は間違いなく失敗する。したがってメーカーは、価格の総合的な位置づけは堅持しながらも、プライシング戦略を個々の販売店に柔軟に対応させなければならない。

たとえば最高価格と最低価格の差が二〇％あるような販売店が相手だったら、プライス・バンドはどうするか。メーカーはきめ細かく検討する必要がある。プライシング戦略を総合的に設計するこうしたやり方は当たり前のものと思われるかもしれないが、筆者の経験によると、これを徹底している企業はごく稀である。

プライス・バンドを現場で実行する

よくできた価格設定プログラムでも失敗に終わることが多いのは、実行段階で一貫性を欠いたり、中途半端になったりしてしまうためである。最終価格には現場での決断が相当に入り込むのだから、会社の総合的なプライシング戦略に合わせて現場の能力を強化し、インセンティブを用意しなければならない。

現場での実行が徹底しない理由はたくさんある。たとえば、最重要顧客や重点ブランドの管理に必要な情報をせっかく集めておきながら、現場の人間——彼らこそブランド価値や売上げ数量・利益の改善に直接携わるスタッフである——にその情報を十分伝えている企業は多くない。また、販促の収益性をきちんと把握している企業はほとんどない（多くは赤字だろう）。たとえばある食品メーカーの場合、五〇％かそれ以上の割引きを頻繁に行う。しかし調査したところ、二〇％割引きした時点で消費が頭打ちになるため、販促費用の一〇％以上は無駄に費やされていることが判明した。このメーカーはターゲット価格を修正し、利益率をほぼ一％引き上げることに成功している。

また、顧客レベルで収集する情報をもっと有効活用すべきである。たとえば、個別取引ごとにメーカーと顧客の利益性を分析できるデータにデータ・マイニング手法を適用すれば、価格とプライス・バンドの影響を分離することができる。ただしそのためには、データと分析ツールの両方を現場の営業部隊に提供しなければならない。取引の実態を把握するには、現場からの生のインプットが欠かせないからである。また、適切な知識ベースを構築し、地域や販売チャネルを横断してそれを統合するためには、「規律」も必要となる。消費財メーカーが純利益を拡大するためには、以下の対策を講じて営業部門の効果を高めるとよい。

❶プライシングの過程で現場の営業部隊が果たすべき重要な役割を認識する。

❷この役割をうまくこなすためのツールを営業部隊に提供する。具体的には、顧客レベルでの価格・利益データ、扱いやすい分析ツール、プライシングに役立つサポート機能（データ収集、財務分析、個別市場でのマーケティングの知識など）を用意する。

❸プライシングに関する規律・基準を設ける。そのためには価格水準が販促に及ぼすインパクトを継続的に測定するほか、顧客・販売チャネル別のベスト・プラクティスについて営業スタッフの集中訓練を行う。

❹ブランド力を高め、利益率改善につながる価格水準を設定した営業スタッフには、報奨を用意する。

ごくまともな対策だが、多くのメーカーにとって導入はなかなか難しいらしい。というのも、これまでの考え方を大幅に修正しなければならないからである。現場の営業部隊はもっと分析的になり、利益指向にならなければならない。一方、マーケティング部門は、プライシングに関して従来より大きな裁量権を営業部門に与える必要がある。そのうえで、どの程度の売上目標なら妥当か、それはなぜか、について両者が合意しなければならない。

消費財におけるプライシング戦略は、現在は競合の行動や販売チャネルを考慮して決められている。これを消費行動に応じて決める方向に切り替えれば、利益拡大の有望な機会となろう。しかし、この新しいプライシング手法による利益改善機会の大きさを認識し、実現していくためには、何よりもまず本社が意識変革をしなければならず、さらに測定・分析のための新しい技術や能力が必要となる。これらの前提条件が整った後に、現場の営業部隊のトレーニングという困難な課題に取り組まなければならない。営業スタッフに適切な意思決定支援ツールを提供し、インセンティブも用意する必要がある。要するに、これは容易な仕事ではない。だが利益率が二～五％も改善されるとなれば、やるだけの価値は大いにある。

【注】

David C. Court, Anthony Freeling, Mark G. Leiter, Andrew J. Parsons "If Nike can 'just do it', why can't we?", *The McKinsey Quarterly*, 1997 Number 3, pp.24-34

Chapter 6

Spotlight on the sales force : The 2002 Mckinsey survey of customer and channel management

プライシングと営業：
マッキンゼーによる調査―顧客管理とチャネルマネジメント（2002年度）

カリ G. アルドリッジ

トレーシー R. グリフィン

ラウリ・キエン・コッチャー

【著者紹介】

Kari G. Alldredgeはマッキンゼー・アンド・カンパニー、ミネアポリス・オフィスのアソシエイト・プリンシパル、Tracey R. Griffinはワシントン・オフィスのプリンシパル、Lauri Kien Kotcherはニューヨーク・オフィスのプリンシパルである。

本稿の初出は、*The McKinsey Quarterly,* 2003 No.1

Spotlight on the sales force: The 2002 Mckinsey survey of customer and channel management
The McKinsey Quarterly, 2003 No.1

アメリカの消費財業界は、きわめて競争が激しい。しかも製品カテゴリーは成熟し、消費者の影響力は増大してきている。こうした業界では、二桁台の成長など望むべくもない。二〇〇二年にマッキンゼー・アンド・カンパニーは消費財メーカーの調査を実施し、こうした厳しい環境における各社の営業活動の実態を調べた。この調査は一九七八年を皮切りに六回行われている。調査対象は大手二三社。その売上高合計は一一〇〇億ドルを上回り、業界の約四分の一を占める。

調査では、イノベーション、プライシング、リベート設定、プロモーションあるいは店舗での活動などについて営業スタッフがどのように関わっているのかに着目し、データに基づいてトップ企業とそうでない企業との違いを探った。以下に掲げる調査結果では、両者の違いがプライシングにどのように反映されているか、過去の調査時と比べ営業組織はどう変わったか（あるいは変わらなかったか）を特に紹介する。

価格を引き上げてシェアを拡大する

消費財の市場調査会社、インフォメーション・リソーシーズ（ＩＲＩ）から提供されたPOSデータに基づき、週ごとに価格とシェアの変動を調べた（図表6−1）。調査対象は業界トップ・ブランド一五〇品目、調査期間は二〇〇一年通年。

トップ企業は一貫して、価格を引き上げる方向で価格管理をしており、値上げ幅は競合より大きい。しかも同時にシェアの拡大も実現している。これができると、得るものは大きい。一％の値上げで二〜六％の利益改善につながる。

現場と情報を共有する

高業績企業はどこも、価格弾力性に関する情報を現場の営業部隊と共有している。このため、価格変更（特に値上げ）が自社および小売店にどのような影響を及ぼすかを明確に把握できる。したがって営業部隊は、確実な根拠を持って小売店に価格変更を受け入れさせ、簡単に値引きをしないよう説得することが可能だ。たとえば「小売りA社の現行価格をX％上回るまでは、消費者は乗り換えたり買い控えたりはしない」という具合に具体的な数字を示せる（図表6−2）。

図表6−1　価格の引き上げとシェア

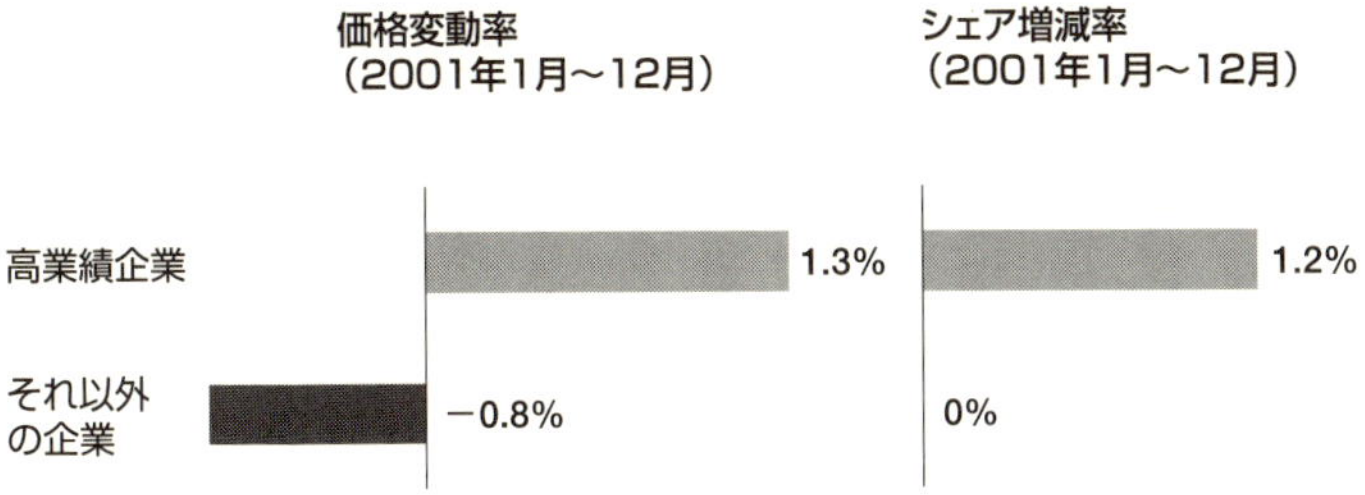

資料：IRI、マッキンゼー・アンド・カンパニー

図表6−2　現場と情報を共有

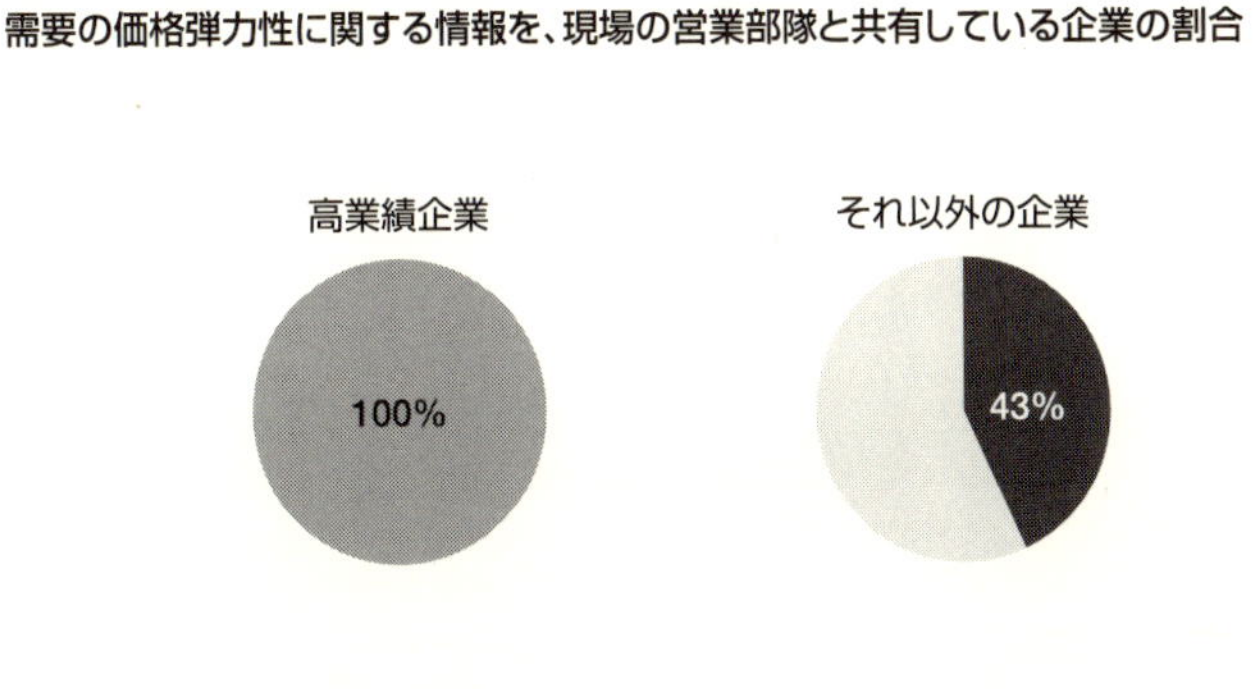

資料：IRI、マッキンゼー・アンド・カンパニー

最低価格は選択的適用がベストである

ウォルマートを筆頭に、「エブリデイ・ロー・プライス（ＥＤＬＰ）」を掲げる小売企業が、小売業界の売上高の半分以上を占めている。こうした企業は、業界最安値を堅持するために、価格を上げ下げする従来の小売店のプロモーションにプライス・マッチング（追従）する考えである。

残念ながら、ＥＤＬＰ戦略は消費財市場の価格水準を全体的に押し下げかねない。こうしたなか、高業績企業は、一部の競合企業や一部商品の値引きにだけプライス・マッチングを行ったり、時間制限を設けたりすれば低価格イメージを維持できる。そして、小売店ひいてはそのメーカーの利益を向上できるのだということを、市場データを使って小売店に働きかけているのだ（図表6－3）。

オプション・サービスを料金に上乗せする

高業績企業は、メニュー・プライシングを活用する。メニュー・プライシングとは、標準サービスの料金を設定し、提供するサービスの水準に応じて料金を上乗せあるいは値引きする方式である。高業績企業は、メニュー・プライシングを幅広くかつ頻繁に活用している。

メニュー・プライシングを導入すると、サービス提供コストを実態に即して顧客に請求できる。

ここで注目したいのは、高業績企業の場合、顧客が選べる有料サービスの選択肢が、そうでない企業の二倍程度も用意されていることだ。たとえば、配達時間の細かい指定などもオプション・サービスとなる。こうしたサービスを選んだ顧客に対しては、料金を上乗せする一方で、コストのかかるサービスを選ばない顧客には値引きを提供する（図表6－4）。

図表6−3　**プライス・マッチング**

EDLPを掲げる小売店と共同プライシング戦略を検討あるいは実行している企業の割合（単位：%）

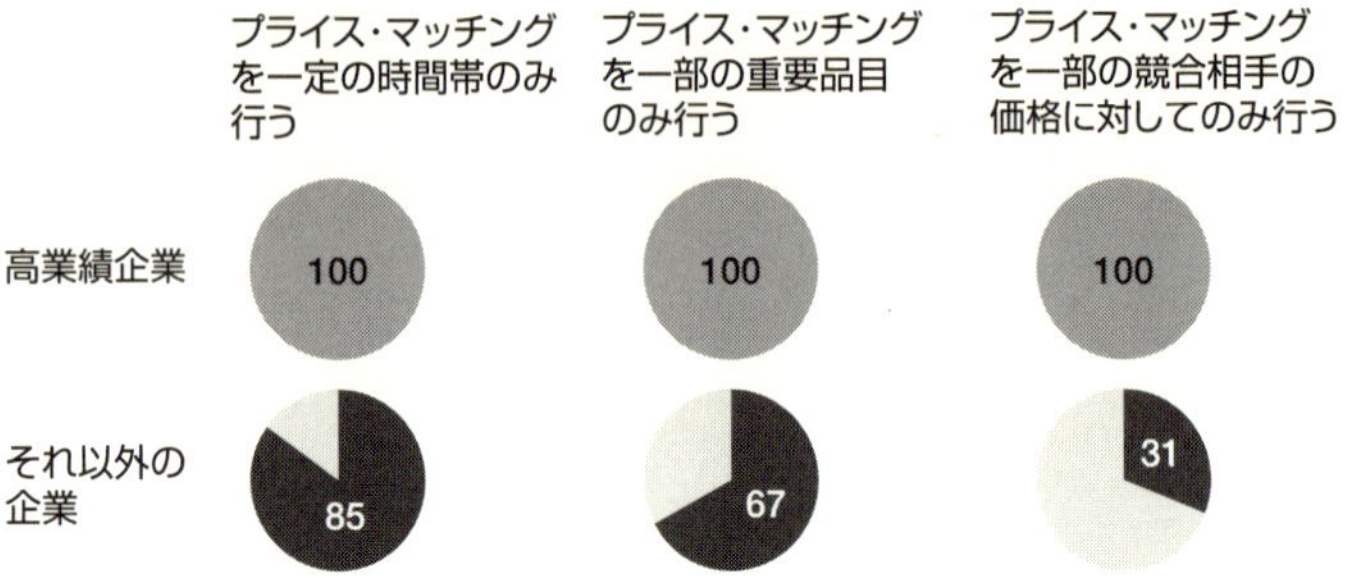

資料：IRI、マッキンゼー・アンド・カンパニー

図表6−4　**メニュー・プライシング①**

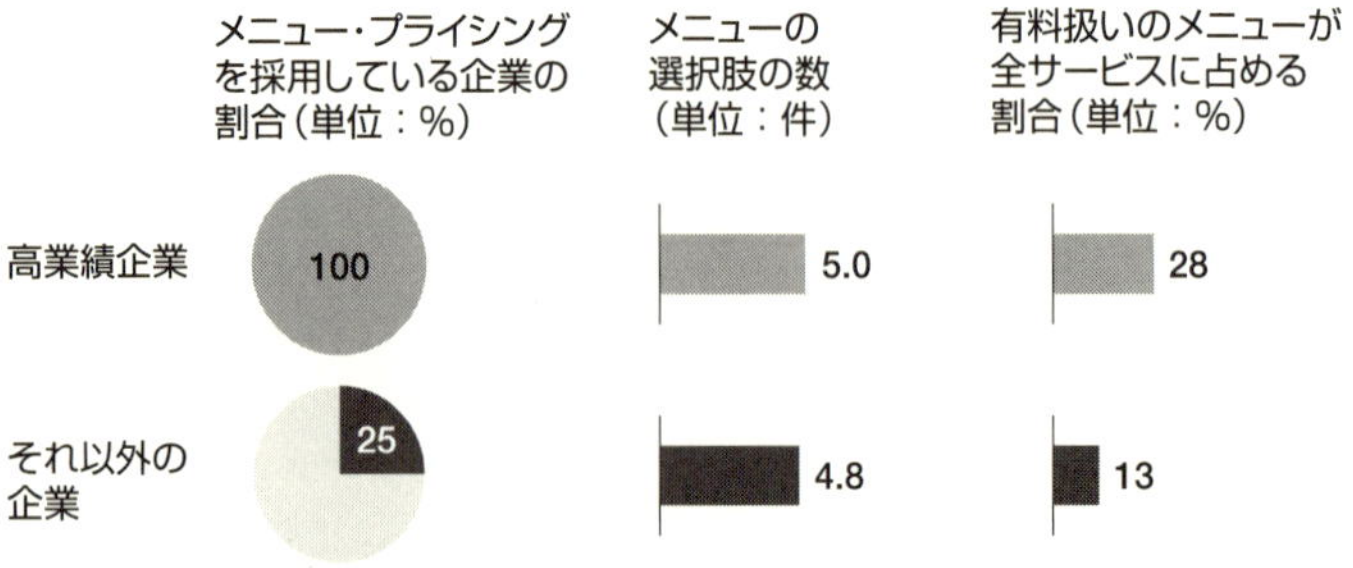

資料：IRI、マッキンゼー・アンド・カンパニー

メニュー・プライシングの利用率を高める

高業績企業はメニュー・プライシングを幅広く活用し、顧客（小売店）の八〇％以上（売上高ではほぼ全部を占める）に適用している。この事実は、メニュー・プライシングの効用は、サービス提供にコストのかかる小口顧客においてより大きいということを示している。メニュー・プライシングをまったく採用しない企業、あるいは大口顧客にのみ適用する企業は、顧客間で付加価値の供与が最適化されていない（図表6-5）。

サプライ・チェーン・マネジメントには改善の余地がある

本調査は相当期間にわたって行ってきた。このため、業界が進歩している分野についても、進歩していない分野についても正確に把握できる。

本調査では、売上高に占めるサプライ・チェーン・コストの比率が下位四分の一に入る企業を、最も「効率的な」サプライ・チェーン・マネジメント（商品の流れを予測・管理して顧客からの注文を履行すること）を行っている企業とした。また、注文処理率が上位四分の一に入る企業を、最も「効果的な」サプライ・チェーン・マネジメントを行っている企業とした。サプライ・チェーン・マネジメントが最も効率的な企業は、そうでない企業に比べて利益率が八％程度高い。また、最も効果的な企業は、そうでない企業と比べて売上高が一～五％程度大きい。ただし、両方で上位を占めた企業は一社もなかった（図表6－6）。

現実的な目標を設定する

これまでの調査から、サプライ・チェーン・マネジメントを改善すれば業績向上の機会がまだまだあるということがわかった。しかしながら伝統的な消費財メーカーは、営業部門に対して非常に厳しい四半期の販売目標を設定することが多い。

その結果、四半期末になると販売店に過剰在庫を押しつけ、商品を受け入れてもらうために販促費が嵩むといった非効率的な習慣がはびこる。調査対象企業の多くがこうし

図表6−5　**メニュー・プライシング②**

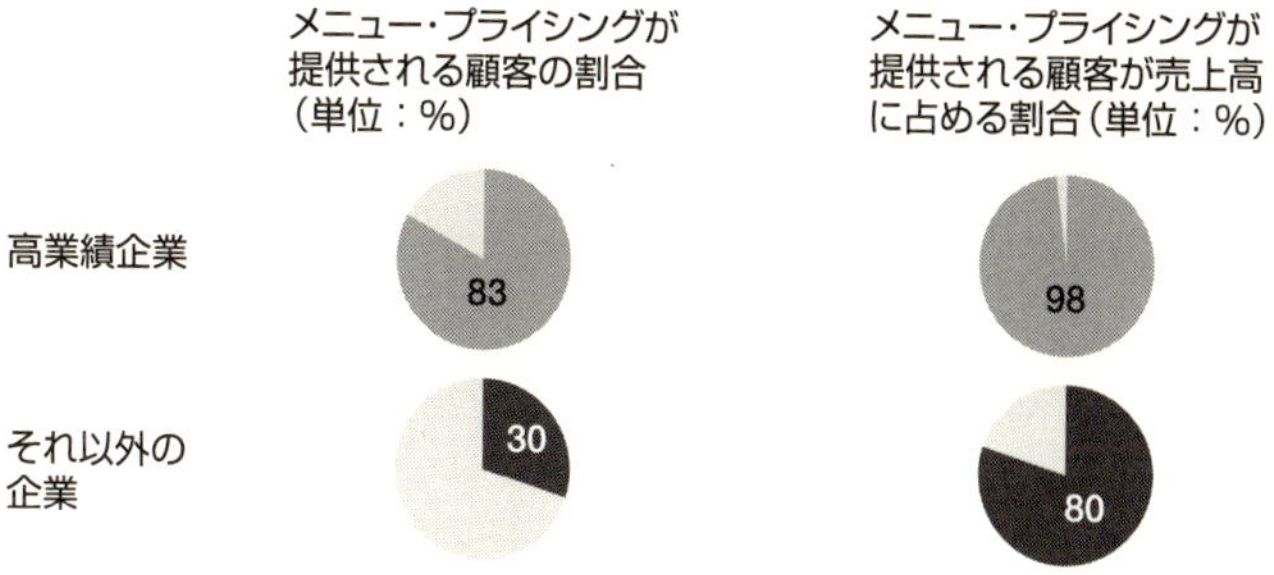

資料：IRI、マッキンゼー・アンド・カンパニー

図表6−6　**サプライ・チェーン・マネジメントの効率と効果**

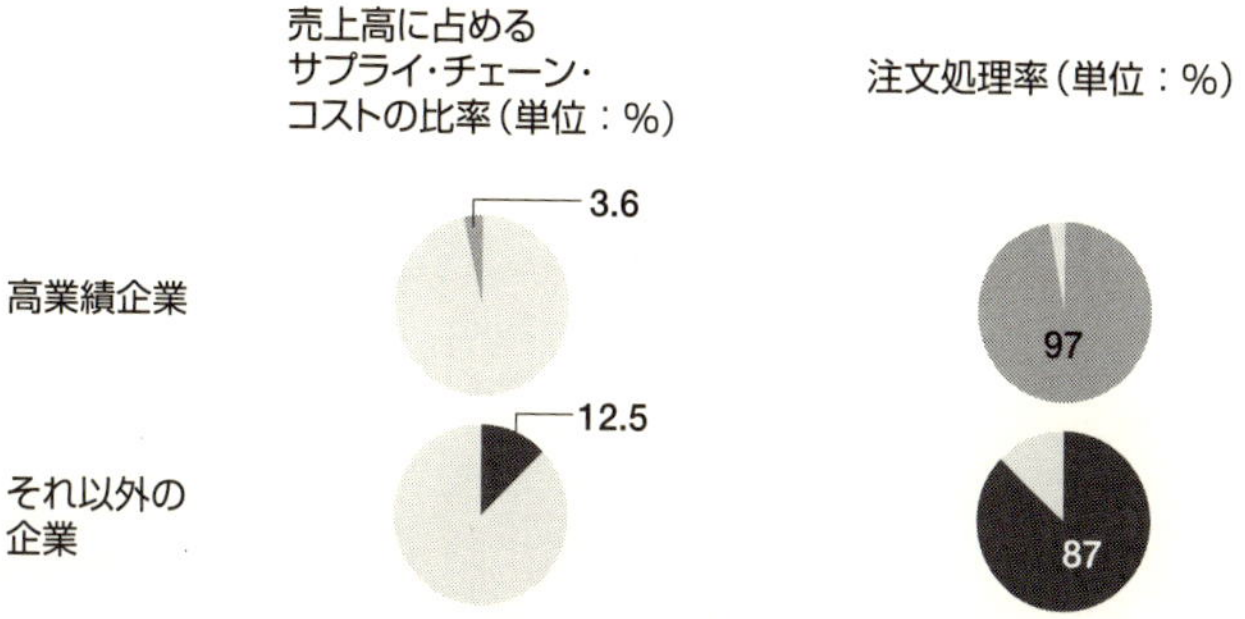

資料：IRI、マッキンゼー・アンド・カンパニー

た悪習に染まっており、そうなると価格は押し下げられ、予測は難しくなり、製造部門には負担がかかる。もっと現実的な販売目標を設定し、営業部門には売上増だけでなく利益も重視するよう仕向けなければならない（図表6–7）。

販促費を効果的に使う

販促費は、営業組織にとってのアキレス腱であるが、本調査によると、これまで以上により効果的に使用するようになってきているようだ。調査対象企業の七〇％近くが、販促効果向上のプログラムに最近着手したと回答している。

たとえば、効果測定を行う販促イベントを以前に比べて増やしている。これまでの調査によると、販促費は売上げよりも速いペースで膨らんでおり、結果的に利益を圧縮していた。しかし、販促効果向上の取り組みが成果を上げ、現在では売上高増加率とコスト増加率の格差は縮小傾向にある。同時に、販促費用対効果の格差に関しても、高業績企業とその他の企業との間も縮まってきた。おそらく今後は販促費マネジメントの徹底はもはや競争優位の主要因とはならず、当然行うべきものとなるだろう（図表6–8）。

図表6−7　サプライ・チェーン・マネジメント

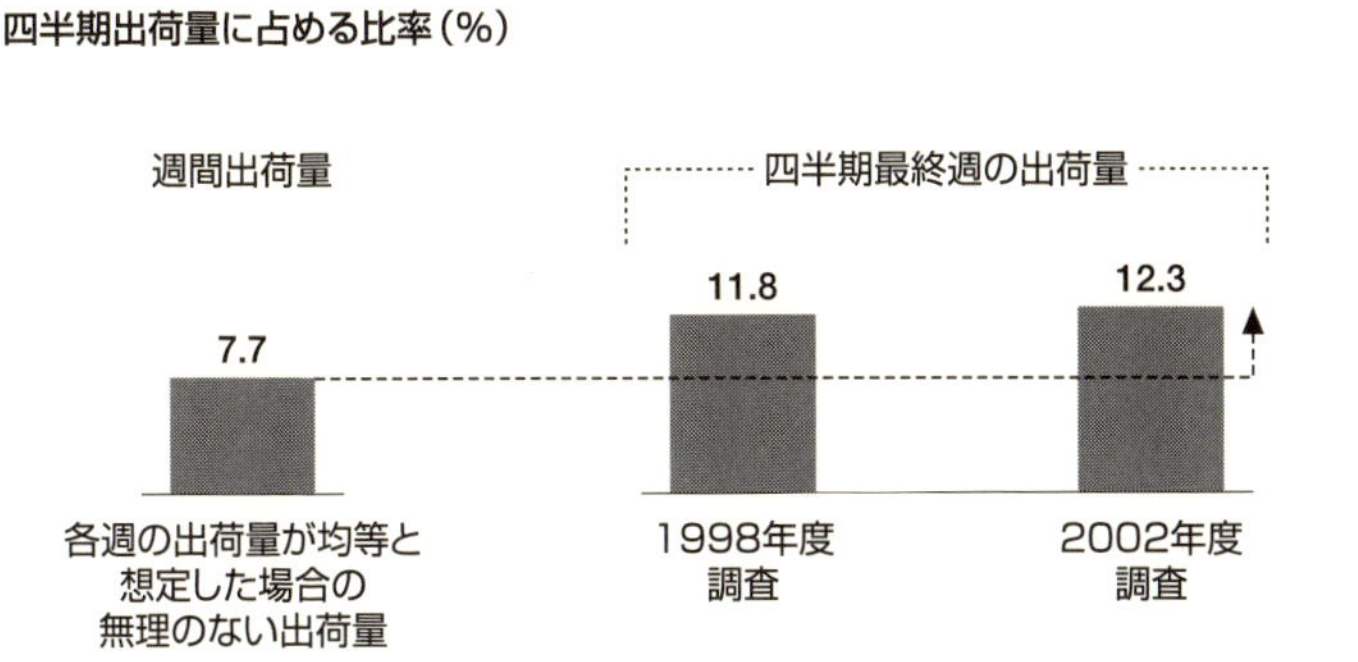

資料：IRI、マッキンゼー・アンド・カンパニー

図表6−8　販促費用対効果

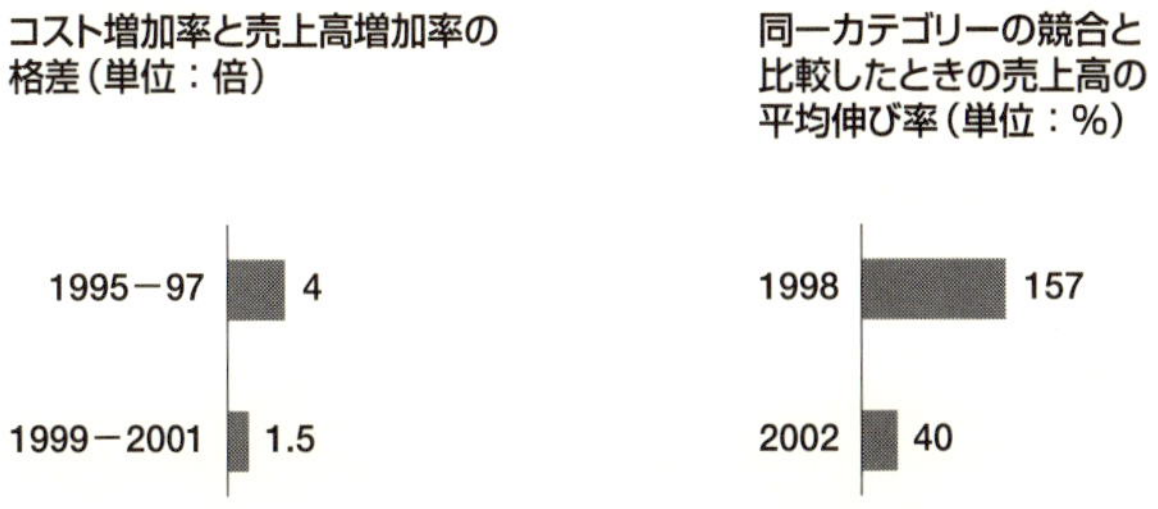

資料：IRI、マッキンゼー・アンド・カンパニー

Chapter 7

Pricing new products

新製品のプライシング

マイケル V. マーン
エリック V. ローグナー
クレイグ C. ザワダ

【著者紹介】

Michael V. MarnとEric V. Roegnerは、マッキンゼー・アンド・カンパニー、クリーブランド・オフィスのプリンシパルである。Craig C. Zawadaは、ピッツバーグ・オフィスのプリンシパルである。

本稿の初出は、***The McKinsey Quarterly,*** 2003 No.3

Pricing new products
The McKinsey Quarterly, 2003 No.3

新製品の価格はいくらに設定すべきだろうか。高すぎると売れないだろう。安めにすれば問題は簡単に解決できる……、しかし、果たしてそうなのだろうか。低すぎる価格設定は、高すぎる価格設定よりも実ははるかに危険だ。売上げや利益を取り逃がすだけでなく、その製品の価値を低く位置づけてしまうからだ。そして企業がたびたび思い知らされているように、いったん価格が市場に浸透してしまったら、それを引き上げるのは難しい――いや、ほとんど不可能だ。筆者らの経験によると、誤った価格設定の八〇～九〇％は、価格水準が高すぎるのではなく、低すぎるのである。

新製品開発やブランドの買収に数百万ドル、数十億ドルを投じておきながら、製品価格に反映させていない例が後を絶たない。企業も消費者も、「低価格で高機能」が大好きだ。たとえばパソコンは処理速度も記憶容量も上がる一方なのに、値段は下がるばかりである。その背景には、世界規模で競争が展開されるようになったこと、価格透明性が高まったこと、そして多くの有望産業で参入障壁が下がったことなどの要因もあるが、それだけではない。多くの企業は、早い段階でシェアや投資リターンを確保したがるようになっている。しかしながら、価格を高くすれば、どちらも実現は難しい。

こうしたわけで、企業は既存製品を基準にしたアプローチをとりやすい。たとえば旧モデルに比べ新モデルの原価が一五％高いとしたら、価格を一五％増しにするやり方である。とりわけ、消費者向け製品の場合、競合品より少し安く（あるいは少しだけ高く）価格を設定するものだ。

だが、この「上乗せ方式」では、新製品が顧客に提供する価値は過小評価されやすい。たとえばポータブル型のバーコード・リーダーを最初に製品化したあるメーカーは、ポータブル型にすれば据付型に比べて組立時間がどれほど短縮されるかを計算した。そして据付型を基準に、時間短縮効果だけを考えてポータブル型の値段を決めたのである。この戦略は、商品を短期間で市場に浸透させたいという同社の希望にもマッチしていた。しかし、既存品を基準にしたせいで、せっかくの新製品の革命的な価値は過小評価される結果となった。ポータブル・リーダーは従来のプロセスを改善するだけでなく、サプライ・チェーンの全面的な改革にもつながる。どこにでも携行でき瞬時に情報にアクセスできるので、リアルタイムの在庫管理が可能になるほか、ロジスティクス上の計画が大幅に改善される。そしてジャスト・イン・タイムの納入が可能になり、大口在庫を抱える必要もなくなるはずだ。買い手はたちどころにこうした利点を見抜き、割安な新製品に殺到。メーカーは需要に応じきれず、新製品の価値を生かし損ねたばかりか、市場の価格期待を低い水準に定着させてしまう結果となった。たった一つの判断ミスが、業界全体にすると一〇億ドルもの潜在利益を吹き飛ばしたのである。

原価の差やプロセス改善のインパクトの分析といったものは、価格を考えるうえでの要素の一つでしかない。競合状況の理解も同様である。適切なプライシングを行うためには、現状を基準とした「上乗せ」の考え方ではなく、「潜在価値の最大化」を考えるべきだ。長期収益性を最大化しうる価格に照準を合わせる前に、まずは設定可能な価格範囲の上限と下限を把握する。そして価格利益分析は、製品開発の早い段階、すなわち最初に市場ポテンシャルを把握する段階から着手しなければならない。それによって、価格面で製品の市場性に問題がないか洗い出すことができる。また、消費者がどんな製品属性になら対価を払ってもよいと考えているかを探り出し、製品開発の方向性へインパクトを与えることも可能になる。

設定可能な価格範囲を知る

既存製品をコピーしたような製品(「Ｍｅｔｏｏ」製品)や若干改良しただけの製品(マイナーチェンジ製品)の場合、価格を操作する余地は少ない。このような製品では、「上乗せ方式」を適用しても最適価格に近い価格になる(章末の囲み「上市時の位置づけ」参照）。とはいえこの場合でも、慎重に検討しないと損をするおそれはある。最適価格を一％下回っただけで、営業利益が八％も失われる可能性があるのだ。(注1) また、製品が革新的であればあるほど、広い視点から価格設定の可能性を検討することが重要となる。

◉価格の上限

上乗せ方式だと価格帯の下限に目が行きがちだが、むしろ企業は上限を決めるところから始めるべきだ。製品が提供する価値に基づいて決める上限価格は、最終的には非現実的と判明することもあるかもしれない。たとえば高すぎて市場が見込めないとか、競合につけいる余地を与える、顧客の力が強く値引き要求に応じざるをえない、といったケースがありうる。(注2) それでも上限を知っておけば、可能なあらゆる価格を検討対象に含めることができる。

上限を決めるには、顧客にとっての製品の価値を正しく理解しなければならない。原材料が節約できるといった類のメリットは、簡単に計量化できる。だが、オンラインで購入できる利便性だとかブランドの評判といった無形の価値になると、市場調査を通じて評価する必要が出てくる。

コンジョイント分析、認識マッピング(注3)をはじめとする高度なマーケティング・ツールを活用すれば、製品属性が顧客に提供する価値を評価することができる。ただしこのとき、すでに確立された既存値との比較だけに終わってはいけない。多くの企業は自社内部の認識に頼りがちだが、それでは無意識のうちに市場性の判断が偏ったものになってしまうことがある。市場調査を設計するときや質問項目を考えるときには、可能性を幅広く検討しなければいけない。さもないと、製品開発担当者が勝手に想定したベネフィットや、営業部隊が集めてきた偏った事実を確認するだけの調査になってしまう。

製品が提供する便益を見きわめ、価格の上限を正しく設定するためには、選択式や二者択一式などありきたりの設問ではなく、自由な意見を引き出せるような調査を設計すべきである。選択式や二者択一式ではどうしても回答の範囲が限られてしまうからだ。

ある制御機器メーカーの例を挙げよう。同社は、原子力発電所向けに革新的な高圧蒸気バルブを開発した。きわめて信頼性が高く、加圧水系統も従来よりはるかに単純な構造にできる。このメーカーは、選択肢で回答する従来型の調査を最初に行った。まず、新製品が技術的に優れている点を説明したうえで、「他製品と比べて、新型バルブがいくらなら購入を考えますか」と質問したのである。すると、従来品より二〇～二五％アップが適切という結果が出た。

しかし、その後に同社は、もう少し見方を広げて調査をやり直すことを決める。新型バルブが顧客のビジネス・システムにどのような価値をもたらすかを知るために、自由記入欄を多くとった。そして既存品と比較する質問をやめ、新型バルブを導入すればメンテナンス不要になる、バルブの数そのものを減らせるといったコスト面のメリットを評価してもらった。このように顧客にとっての経済的メリットという新たな視点から製品の価値を打ち出したうえで、「いくらなら購入を考えますか」と質問すると、今度は既存品の数倍という結果になったのである。おかげで設定可能な価格範囲を、より正確に把握できることになった。

◉価格の下限

コストプラス方式は単純すぎるとして軽視されるきらいがあるが、価格幅の下限を決める際には基本となるやり方である。最低限の投資リターンとして要求される水準は「単位原価＋マージン」であり、これが新製品の最低価格として妥当な水準と言える。もしこの価格が市場に受け入れられないなら、製品の存続可能性そのものを考え直すほうがいい。

コストプラス方式はよく知られた価格算定方式だが、コスト分析の際に陥りやすい落とし穴が二つあるので注意が必要である。第一には、驚いたことに、配分すべきコストに漏れがありがちなことだ。たとえば、その製品カテゴリーに関連する研究開発費（未完に終わったプロジェクトの分も含む）は見落としやすい。新製品に直接結びつく買収に伴うのれん代も、同様である。製品開発に不可欠の費用として、これらのコストは当然原価計算に組み入れなければならない。そして第二は、甘い市場予想を立ててコストを低めに見積もりやすいことだ。特に固定費を過小評価しないよう、注意が必要である。

価格設定の幅が最も狭いのは、「Ｍｅ ｔｏｏ」製品である。(注4) こうした製品で競合と戦おうとする場合には、特に注意してコストを厳密に見積もり、計算根拠もしっかりチェックしなければならない。この手の製品は、小さなミスで赤字に転落してしまうことが多い。たとえば規模の経済でコスト節減を狙う戦略の場合、市場規模や顧客セグメントの規模を見誤ると大損害につながりかねない。

◉市場規模

上限価格までのさまざまな価格について市場・セグメントの規模を測定する場合にも、同様の調査が必要になる。つい値段が安いほど需要は増えると考えやすいが、必ずしもそうではない。たとえば中途半端な価格帯に設定すると、需要のはざまに落ち込むことがある。クオリティ重視の消費者にとっては安すぎ、割安品狙いの消費者にとっては高すぎるからだ。

ここで、データ管理システムを開発したある企業の例を紹介しよう。この開発会社の謳い文句によれば、大企業がこのシステムを導入すると年間数百万ドルのコスト削減になるという。ところが同社は市場浸透を急ぐあまり、主力ソフトの法人向けライセンス・フィーを一〇万ドル以下に設定するという過ちを犯した。（注5）するとと大企業は、どこもこのソフトをまともに取り合わなかったのである。もし本当に年間数百万ドルも削減できるのなら、このソフトはERPなどと同じ価格帯、すなわち一〇〇万ドル以上でないとおかしいからだ。

さまざまな価格ごとに市場規模を予想できればプライシングの範囲が明らかになり、価格と売上げ数量にふさわしいプライシング・モデルがはっきりする。また価格帯ごとの収益予想の精度、下限価格を求めるときの原価計算の精度も上がるはずだ。

発売価格を決める

設定可能な価格の範囲がわかり、その範囲内の価格ごとに市場規模が予想できたら、いよいよ発売価格を決める準備が整ったことになる。その結果、予想されたなかで最大規模の市場をターゲットにしたくなるだろう。だが売上げ数量を最大にすることが、利益の最大化につながるとは限らない（章末の囲み「浸透価格戦略」参照）。次の四点からプライシングを検討すると、最大市場をターゲットにするのは避けたほうがよいとの結論に達することがままある。とりわけ価格を低めに設定せざるをえない場合には、再考が必要だ。

◉基準価格

発売価格から割引きその他の販売奨励金を差し引いた価格は、メーカーがその製品の真の価値と考える価格として、市場の最初の基準となる。どんな報道発表や売り込みやカタログの謳い文句よりも、この基準価格にこそ、新製品の価値に対するメーカーの思い入れが表れるのだ。この価格が低すぎれば長期的な収益性は損なわれる。市場への浸透は確かに速いかもしれないが、価格が低ければ当然利益率も低い。したがって、高い価格であれば確保できたはずの将来の利益は失われてしまう。売り手が目指す価値のレベルと矛盾するとき、あるいは市場の需要を過小評価していたときなどには、低すぎる基準価格で被る損害はとりわけ大きい。

◉競合の反応

旧型品の改良バージョンの場合に特に言えることだが、他社製品のシェアを大幅に奪うような低価格をつけると、破滅的な価格戦争を引き起こしやすい。ほとんどの場合、競合は提供価値の改善では即応できないため、値下げで対抗せざるをえないからだ。(注6)これに対して高めの基準価格を設定すれば、シェアよりも利益重視の姿勢を示すことができる。その場合には競合は様子見に回るため、まず価格競争には至らずにすむ。

◉製品のライフサイクル

新しもの好きの顧客グループが高めの価格でも喜んで払ってくれるなら、発売価格を高水準に設定して利益を確保し、だんだんに値段を下げていって後発組を取り込む手法が考えられる。ライフサイクルにわたって次第に売上げを増やしていくこの戦略なら、生産能力を巧みに需要に合わせることも可能だ。

◉カニバリゼーション(共食い)

新製品が自社の在来品にどの程度の影響を与えるものか、企業は十分注意しなければならない。旧型品に根強い需要がある場合には、新製品の発売価格を高めにしてニッチ市場を狙うなど、共食いを避ける戦法が望ましい。逆に製品ラインの全面交代を図るなら、新製品の発売価格を低めに抑え、顧客をできるだけ早く新製品にシフトさせるのが適切な戦略になる。

市場に価格を提示する

いよいよ市場に価格を提示するときには、的確なコミュニケーション・スキルと忍耐が必要である。革新的な製品の価値を、懐疑的な買い手にわかってもらうのはきわめて難しい。しかしどんな状況になろうと、新製品の価値をおとしめるような誤ったプライシング戦略は許されない。

市場に投入してから半年～一年の成り行きが、その製品の価値に決定的な影響を与える。特にこの期間中はメーカーは毅然として価格をコントロールし、個別の取引にまで目を光らせなければならない。たとえば新製品が属する製品ラインで値引きが常態化しているようだと、新製品の基準価格は意味をなさなくなってしまう。

どうしても製品を短期間で売り込みたい場合にも、基準価格が市場での製品価値への認識に悪影響を及ぼさないようにしなければならない。よく使われるテクニックは、無料のサンプルを配る、購買力がきわめて大きなセグメントや市場への影響力が強い小さなグループに製品を提供する、などである。あるいは一般消費者向けに「無料お試し期間」を設定する方法も考えられる。いずれも、基準価格を引き下げることなく市場浸透を加速する効果がある。月並みな値下げや割引きは慎むべきだ。ほとんど効果がないばかりか、製品の価値について消費者の疑念を招く結果となりやすい。

新製品の価格はいくらが適切か——この質問に対する答えは、製品開発が終わるまでに出さねばならない。そもそもこの質問は開発プロセスに密接に結びついているのだし、答えは最終的な収益性の評価に必要だからである。現時点では、企業は恒常的に価格のポテンシャルを十分に引き出せていない。信頼性の高い市場調査とコスト分析を行い、それに基づいて発売価格を設定するなら、企業はとかく不安な新製品の投入にも自信を持って臨み、本当の価値を主張できるだろう。

上市時の位置づけ

新製品の価格を考えるときは、まずはその製品の性質を正しく理解しなければならない。これは最初のステップであると同時に、最初のハードルでもある。価格帯はどうあれ、新製品はおおむね次の三種類に大別できる。

●**革新的な製品**：これまでに類似品がなく、新たに固有の市場を形成する製品。製品の存在のことをまったく知らない消費者に対して、こうした新製品のメリットを定量化して説明するにはある種の技術が必要である。

●**改良品**：既存品に比べ高度化・強化された製品。多機能・新機能をあまりに低価格で提供すると、価格戦争を引き起こしかねない。

●**Ｍｅ ｔｏｏ製品**：Ｍｅ ｔｏｏ製品は、何ら新しいメリットを提供できないまま「その他大勢」に終わりやすい。そうした失敗を避けるためには、緻密なコスト分析と的を絞った顧客へのアプローチが必要である。

企業が新製品の価値を過大評価する例は枚挙にいとまがない。ひいき目で見ても「ほかよりまし」程度の製品を革新的と売り込み、他社に追随しているだけとはなかなか認めたがらない企業が多い。自社製品のポジショニングについて、もっと公正な社内評価をすることが大切である。三通りの位置づけのどれをとるかによって、プライシング戦略も変わってくるのだから。

浸透価格戦略（penetration pricing）

新製品を出すとき、企業は激安価格で早期にシェアを獲得したいという誘惑に駆られやすい。これが、いわゆる浸透価格戦略である。だがシェアにこだわれば利益は犠牲になるし、価格戦争を引き起こす危険もある。したがって一般的には価格を高めに設定し、業界全体のプライシングを好ましい方向に保つほうが得策である。とはいえ、稀ではあるが浸透価格戦略が競争を制する有効な手段となるケースもある。

新製品の価値が高く、価格弾力性が大きい場合

浸透価格戦略が適切と考えられる第一のケースは、新製品が提供する価値が高く、かつ顧客の価格感応度が特に高い新市場・未開拓市場を相手にする場合である。このような市場で競合に先駆けて確固たる地位を築いてしまえば、潜在需要を独り占めし、シェアを拡大し、リーダーの座を獲得することも不可能ではない。価格は、この戦略を実行するときの最強の武器となりうる。スイッチング・コストが高いとき、業界標準が定まっていないときなどは、特に価格がものを言う。たとえばＡＯＬはきわめて低価格でユーザーを獲得し、徐々に料金を引き上げ

る戦略をとっている。

　ただし、この戦略には危険性もある。消費者が値段よりも価値で商品を選択する場合には、浸透価格戦略は破綻する。メディア、ハイテク、製薬業界は、シェア狙いで新製品・新技術にしばしば低価格を設定してきた。だが、競争相手が少しばかり改良を加えた新製品を打ち出せば、シェアはあっという間に奪われてしまう。技術的性能が重視される市場で必要もないのに価格を押し下げれば、利益は失われることを忘れてはならない。

製品提供コストの低下が見込める場合

　浸透価格戦略が有効な第二のケースは、売上げ数量が伸び、単位固定費・変動費が下がるにつれ、製品供給コストが急速に下がる場合である。このような現象は、規模の経済や学習効果などによって起きる。コストが価格よりも速いペースで下がれば、長い間には利益率の上昇が期待できる。

　ただし自社のシェアが拡大すれば、当然競合が手を打ってくる。失うシェアを最小限に抑えるため、あるいは市場に新規参入するために、彼らは価格を引き下げてくるはずだ。その結果、価格には下押し圧力がかかり続け、利益率の上昇という当初の目論見は成り立たなくなる。ここでもまた、購買決定の主因が価値なのか価格なのかをよく見きわめなければならない。

　提供コストの低下を見込んで浸透価格を設定する場合には、生産能力にも注意が必要である。もし低価格が奏功して需要が急増したときに生産が間に合わなかったら、サプライヤーは二つのダメージを受けることになる。一つは、本来ならもっと高値をつけられたはずの製品を少ない利益で売らなくてはならないこと。もう一つは、納期遅延や在庫切れで製品の総合的なイメージを損ない、顧客の不満を買ってしまうことである。

競合相手に力がない場合

競合相手が高コスト体質であるとか、チャネルとの合意に縛られて価格変更の自由度が低いといった場合にも、浸透価格戦略は威力を発揮する。たとえば素材産業では、アジアや東欧のメーカーが浸透価格戦略でシェアを獲得してきた。これらのメーカーは、品質とロジスティクスさえ最低水準に達すれば、低い人件費を武器に先進国メーカーを凌駕できるからである。

同じような例はアメリカの一般ユーザー向けパソコン市場でもみられる。デル（コンピュータ）はユーザーの希望に合わせた個別仕様のパソコンを通販（電話またはインターネット）で売ることによって、流通コストを排除する低コスト構造を実現。競合各社はこれに太刀打ちできず、デルは他社より高い利益を維持しながらシェアを急拡大することに成功した。

【注】

（1）この分析は、S&P一五〇〇社の平均に基づく。詳しくは、Michael V. Marn, Eric V. Roegner, Craig C. Zawada "The power of pricing"（*The McKinsey Quarterly*, 2003 No. 1, pp.26-39）、本書第三章「プライシングの威力」を参照。

（2）Ralf Leszinski, Michael V. Marn "Setting value, not price"（*The McKinsey Quarterly*, 1997 No. 1, pp.98-115）、本書第二章「価格を決めるな、価値を決めろ」を参照。

（3）コンジョイント分析は、競合品同士の直接のトレードオフに注目する。認識マッピングでは、直接の代替品とはならない商品の便益を評価し、他の商品では提案しえない便益を探り出す。

（4）Charles Roxburgh, "Hidden flaws in strategy"（*The McKinsey Quarterly*, 2003, No. 2, pp.26-39）を参照。

（5）この会社は原価は割り込んでいないと主張したが、実際には費用を過小評価していた。

（6）Robert A. Garda, Michael V. Marn, "Price wars"（*The McKinsey Quarterly*, 1993, No. 3, pp.87-100）を参照。

Chapter 8

The race to the bottom

規制緩和と価格戦争

アンドレアス・フロリセン
ボリス・マウラー
ベルンハルト・シュミット
トーマス・ヴァレンカンプ

【著者紹介】

Andreas Florissenはマッキンゼー・アンド・カンパニー、デュッセルドルフ・オフィスのコンサルタント、Thomas Vahlenkampはプリンシパルである。Boris Maurerはベルリン・オフィスのアソシエイト・プリンシパル、Bernhard Schmidtはコンサルタントである。

本稿の初出は、*The McKinsey Quarterly,* 2001 No.3

The race to the bottom
The McKinsey Quarterly, 2001 No.3

不適切な価格戦略は、他のどんな失敗よりも簡単に企業価値を破壊してしまう。特に規制緩和されたばかりの産業では、誤った価格戦略――既存企業が大損害を被りサービス低下につながること間違いなしというような戦略――が頻繁にみられる。

通信、運輸、電力・ガス・水道など自由化が進む産業でしばしば見受けられるこうした誤った価格戦略は、多くの場合、なんとか顧客をつなぎ止めようとする必死の努力の表れである。新参者の出鼻をくじこうと先手を打って価格を下げ、あえて全面的な価格戦争の幕を切って落とすのは、こうした戦いを挑戦者より長く持ちこたえて最後に勝利を収めようという作戦なのだろう。しかしそれは、はかない希望にすぎず、現実はまったく違った結末になることが多い。

その典型的な例が、チリの通信業界にみられる。同国の通信市場は、一九九四年に規制緩和された。それまではエンテルと呼ばれる国営通信公社が国内長距離・国際電話を独占していたが、自由化と同時に七社が名乗りを上げる。当初、顧客基盤を死守しようと考えたエンテルは、価格戦争を受けて立った。その結果、九四年末までにチリからアメリカへの国際電話料金は九五％下落。国内長距離電話料金も同程度下落した（図表8-1）。しかし、料金を引き下げたにもかかわらず、エンテルは国内長距離電話のシェアを七〇％近く、国際電話でも五〇％以上のシェアを失った。

図表8-1 底なしの価格戦争

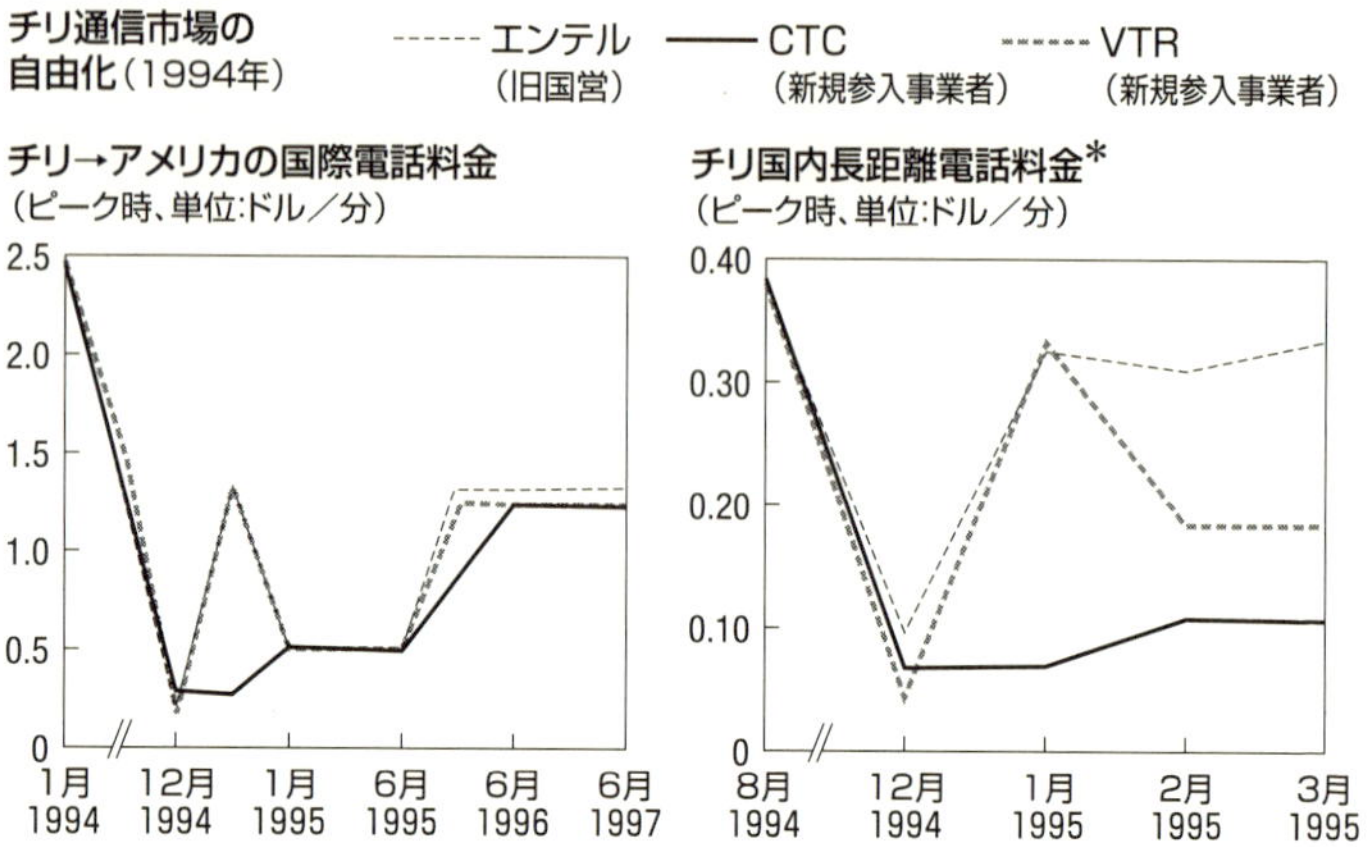

エンテルの市場シェア（単位:%）

1991年11月	100	1991年11月	100
1994年7月	75	1994年7月	60
1994年11月	47	1994年11月	39
1995年8月	38	1995年8月	37
1996年11月	36		
1997年2月	32		

＊サンチャゴ→プンタアレナスのピーク時料金
資料：Estrategia, CTC, Entel, McKinsey

その後、エンテルは料金で勝負するのをやめる。サービスの質や商品展開で差別化を図り、最大の競争相手よりも高い料金を設定した。現在、新規参入事業者は国際電話では健闘を続けているが、国内長距離電話に関する限り、九〇年代後半にはエンテルはシェアの一部を奪い返している。

ドイツの電力市場

の例も紹介しておこう。規制緩和が実施された九八年、従来の大手電力会社の一部が先手必勝とばかりに料金を引き下げた。意欲満々の新規参入事業者イエローストロームへの乗り換えを、自社の顧客に思い止まらせるためである。二年の間に平均料金は約三〇％も下がり、既存の電力会社の利益は激減する。顧客をつなぎ止めるためとはいえ、あまりに高い代償だった。しかし二〇〇一年になると、新規参入事業者が利益率の低さに音を上げたこともあり、料金水準は戻ってきている。たとえばイエローは、年初に一八％（三％のエネルギー税を含む）の値上げを実施した。

規制緩和の主たる目的の一つは、利用者向けの料金引き下げにある。競争原理の導入によって、当然ながらそれまでの独占（寡占）企業は効率改善を余儀なくされるため、コストは切り詰められ、その結果として料金も下がる。だが方針を誤ると価格競争を助長し、コストをカバーしきれない水準まで料金が押し下げられることがある。そうなると、売り手も買い手も損をする。売り手が手足の自由を奪われ、買い手に対して基本的な供給やサービスすら保証できなくなるからだ。それに価格戦争の果てに競合相手がそろって討ち死にすれば、疲弊した市場は結局は寡占状態になる。

すでに地位を確立した企業が価格戦争に突入するのは、多くの場合、値引き合戦が収まれば料金を再び引き上げられると考えるからだ。だが心理的にも政治的にも、値上げの足並みをそろえるのは値下げをするよりはるかに難しい。既存企業は厄介な新参事業者を巻き込んだ後になって、自分たち自身がとうてい持続不能な料金体系を背負い込んだことに気づく。

筆者らが行った分析によると、既存企業にとっての最適料金水準は、実際に自ら設定した水準よりおおむね二〇％上である。それでも平均料金は独占当時より下がることになるし、既存企業はある程度顧客を奪われることも覚悟しなければならない。とはいえ、料金決定に際して適切な要素を考慮するならば、企業も市場ももっと健全な構造を維持できるはずだ。

プライシングの四つの要素

ヨーロッパを中心に規制緩和された市場を調べたところ、既存企業の経営者は料金問題に直面したとき、まったく同じような過ちを犯すことが判明した。自由化が始まると、彼らは一様に不慣れな課題に直面する。なにしろ初めて競争のなかで成長を目指し戦略を立てなければならないのだ。コスト削減、組織改革なども必要である。問題の多さに圧倒された経営者は、ついプライシングをシェア防衛手段と考え、利益確保につながる価格戦略を十分に考えようとしない。

価格戦略に反映させるべき主な要素は四つある。競合の価格、顧客のスイッチ率、カスタマー・バリュー、サービス提供コストである。既存企業がとかく誤解あるいは無視しやすいこれらの四要素を正しく考慮しさえすれば、新規参入事業者より高い料金を設定しても、案ずるほどの大事にはならないことがわかり、収益性の維持にもつながるだろう。

❶競合の価格

規制緩和中の市場について筆者らが調査した結果、企業の価格設定方針は競合の価格から最も影響を受けやすいことがわかった。とりわけマスマーケットの消費者にとって、新規参入事業者の価格は重要な選択基準となる。ところが既存企業は、えてして間違った競争相手に注目しやすい。

オーストリアにおける極端なケースでは、携帯電話市場に参入した新規事業者が既存の回線電話事業者まで競争相手と見誤り、携帯料金をそれよりも低く設定したことがある。すると何を思ったか、既存企業は追随してしまった。これは極端な例だが、それにしても多くの場合、大勢の新参者が押し寄せてくると、既存企業は最大の難敵よりも一番安値の相手に目が向きやすい。しかし、既存企業が料金水準を考える場合に注目すべきなのは、市場で最も名が売れた競争相手、顧客を横取りする実力を最も備えている相手である。ただし、価格弾力性、価格の透明性、各社に対する顧客の評価といったものは、自由化当初はあまりはっきりしない。このため、顧客への訴求力を重視せず、ひたすら最低価格に注意を奪われやすいのである。

その一方で、自由化まで独占状態を謳歌していた企業は、競合相手の力を見くびりやすい。体力では自社が一番と信じ込んでいるため、相手の対応のスピードや粘り強さを十分見込まずに価格を決めてしまう。すると、新規参入企業がコストを割り込んでまで意外にしぶとく低価格を維持できるのに驚かされることになる。たとえばドイツの携帯電話市場では、イエローストロームのような新参事業者の力を多くの在来電話会社が過小評価した。その結果、激しい値引き合戦が起こり、利益は大幅に損なわれてしまった。

❷スイッチ率

独占企業の顧客が他のサプライヤーとも契約できるようになったときに、既存企業が新規参入企業より高い料金設定のままだと、乗り換える顧客が必ず出てくる。そして、これに追随する顧客も現れるだろう。この顧客スイッチ率は、規制緩和された市場で料金設定をするときに考慮しなければならない第二の要素である。ただし既存企業は、料金格差に起因するスイッチを過大評価する傾向がある。

理由は、顧客がサービス内容の比較検討にどれほど時間を費やすかについて、既存企業の幹部が大げさに考えてしまうからだ。実際にはほとんどの顧客にとって電力や電話といったサービスはコモディティ化しており、熟考する価値などほとんどない。したがって、よほど料金格差が大きく、煩雑な手続きをしてでも乗り換える価値がある場合を除いては、顧客は滅多に契約先を変更しようなどとは思わないものである。経営幹部が理由なき恐怖心に駆られるのは、自由化された他の市場で起きた悲惨な事例を耳にするせいだろう。だがそうしたケースでは、だいたいにおいて既存企業の料金設定が高すぎるのである。その点を見落として断片的情報を鵜呑みにすると、誤ったプライシングに走ってしまうことになる。

ドイツでは、一九九九年にイエローが大々的な広告キャンペーンを打ったとき、既存の電力会社は混乱をきわめた。なにしろ、顧客一三〇万世帯の獲得を狙う同国始まって以来の大規模なキャンペーンだったからである。だが一年後、イエローストロームが獲得できたのはわずか四〇万世帯だった。九八年の自由化以後、一般家庭で契約先を切り

図表8−2　自由化と顧客の乗り換え

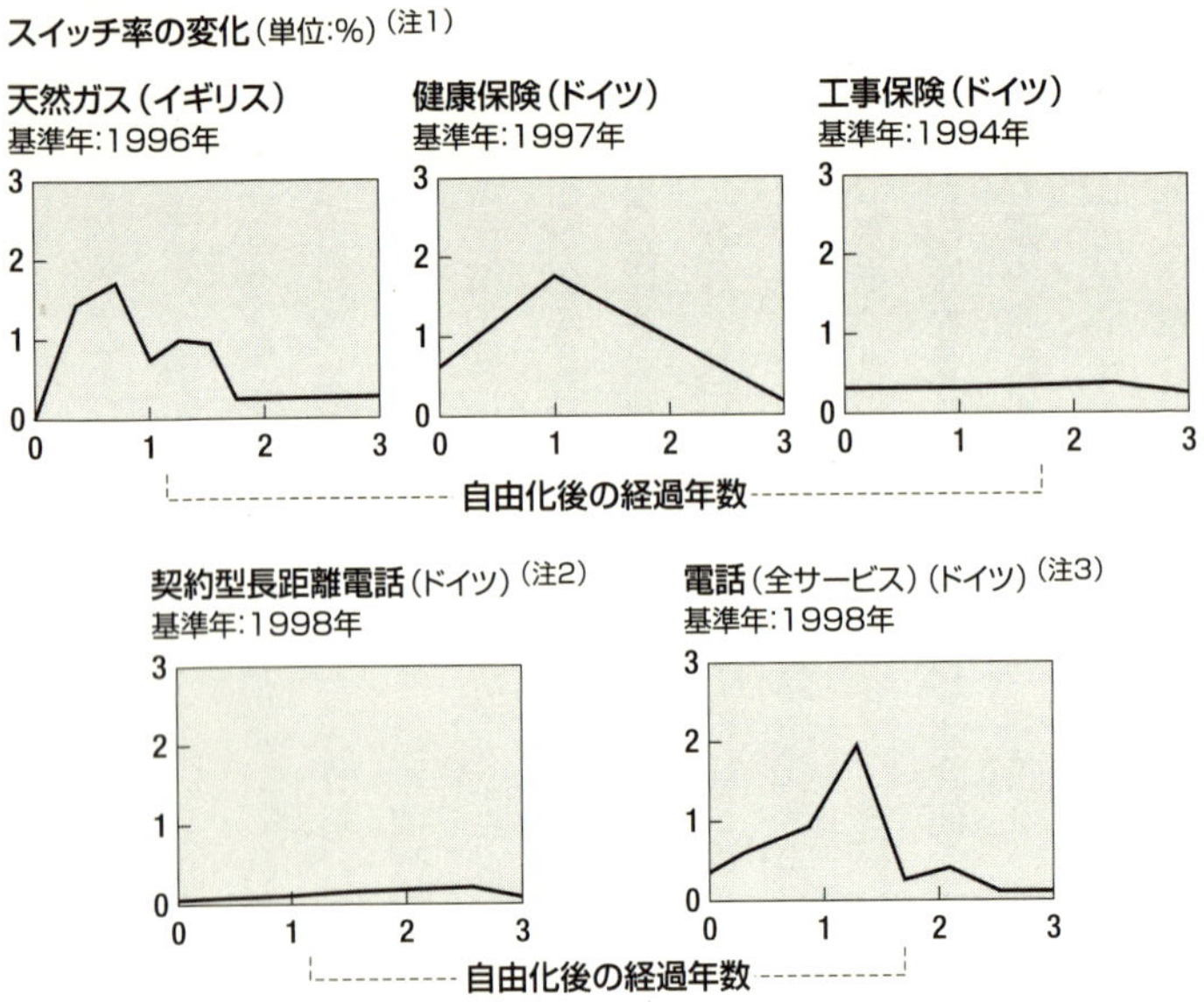

注1：既存企業の料金は新規事業者より5%高いと仮定。
注2：長距離電話のみ自由選択。市内通話はドイツ・テレコム。
注3：通話分数で計算。

替えたのは一〜二%にすぎない。料金格差がそれほど大きくなかったこともあるが、そもそも毎月の電力料金が一般に低めであり、料金を比較検討し変更手続の手間をかけるほどの状況ではなかったことも原因である。また、解約するにはかなり前から通告しなければならないなど、構造的な障壁もあった。

自由化後数年を経過したいくつかの市場を筆者らが調査したところ、新規参入企業より五％高く料金を設定しながらスイッチ率を年二％未満に抑えている既存企業がちゃんと存在した（図表8-2）。スイッチ率は自由化直後にピークに達し、その後は下がる。ただし、既存企業の料金水準が高いほど、新規事業者に乗り換える顧客の割合が増えるのは言うまでもない。

❸カスタマー・バリュー

すでに地歩を確立した企業にとって、顧客基盤ほど大切なものはない。しかし、シェア一〇〇％を維持しようなどと無謀な試みをすると、顧客の価値を見誤ることになる。一般に顧客は皆等しく高い価値を持つと信じられているが、実際にはそうではない。どの程度の価格差なら競合相手に乗り換えずに払ってくれるか。クロス・セリングでどの程度買ってくれそうか。万一乗り換えられたとき、引き戻すコストはどの程度かかるか。こういった観点から考えると、顧客の価値は一人ひとり違う。もちろん旧独占企業たるもの、相当程度のシェアは確保すべきだが、完璧に死守するのは無理な相談である。

ありがたいことに、顧客の価値は、乗り換えやすいかどうかという基準で、ある程度測定することができる。すぐ目移りするタイプの顧客をつなぎ止めようと努力しても、成功の確率は低い。その努力は他の顧客に向けるほうがよいのである。スイッチしやすい顧客は価値が低く、諦めてもたいした影響はないのだが、独占時代を長く経験してきた既存企業にはこの考え方がなかなか受け入れられない。気まぐれな客を桁外れの安値で引き止めるくらいなら失ったほうがましであるという理屈を、経営者は理解しなければならない。法外な低料金で既存客を死守しようとすれば、価格感応度が低い（つまり利益率の高い）顧客を含む顧客全体から得られる利益が損なわれてしまう。

従来のシェア重視型顧客戦略の背景には、旧独占企業は顧客獲得（この場合には再獲得）の経験に乏しいという事実がある。こうした企業は、顧客を呼び込む心配などする必要がなかったせいで、いったん失った顧客は二度と取り返せないと考えがちだ。だが実際には決してそんなことはない。

❹サービス提供コスト

既存企業が判断を誤りやすい第四の要素は、顧客一人ひとりにサービスを提供するときにかかる実際のコストである。規制された市場では、独占的な企業はコスト総額に適当な利益を上乗せして料金を計算すれば事足り、顧客セグメントごとにサービス提供コストを算出する手間をかけるには及ばなかった。しかし競争に直面すると、彼らはこの初歩的な見積り作業すら投げ捨て、挑戦を受けて立ち、競合相手の料金を打ち負かそうとする。だがコストを下回る料金設定は、短期間しか持ちこたえられない。市場が落ち着けば再び上がり始めると考えるのが妥当である。

既存企業は自社のコストを、短期的な絶対最低料金と考えるべきである。料金にかかわる正確な情報が判明するまでは、競合のコストを料金計算に利用すればよい。たとえば電力市場の場合、新規参入事業者のコストは十分に推定可能である。発電または買電コストに送電網使用量を加算し、さらに人件費などの固定費を積み上げればよいからだ。

論理的な決定を下す

以上の四要素を適切に評価できれば、既存企業は激化する競争に直面しても、自社の料金設定についてこれまでより論理的な決定を下せるはずだ（章末の囲み「四つの要素を活用する」参照）。やみくもに新規参入事業者より料金を下げなくとも、既存企業は個人顧客やほとんどの法人顧客に対し、安心して高めの料金を設定できるに違いない。そうすれば事業は安泰だし、犠牲の多い価格競争も回避でき、市場も確保できる。

それでは、競合相手よりどの程度高めにすればいいのか。これを決めるのは簡単ではない。第一に、ある程度の顧客流出を覚悟しなければならない。初年度は二〇％程度失うことになろう。許容しうる顧客流出数をあらかじめ算出しておけば、シェアを失う最初の打撃を乗り切りやすい。この段階では市場動向をしっかりウォッチすることが大切である。具体的なデータが集まってきて当初の想定のなかで間違っているものがみつかれば、料金設定を見直さなければならない。このほか既存企業は、料金設定方針に何らかのトリガーを組み込んでおくべきである。シェアでも競合の料金でも、この水準に達したら方針変更に踏み切るという数値を決めておくのだ。このようにあらかじめプライシングの条件を決めておけば、マネジャーはほかの重要な問題に注意を向けることができる。

言うまでもなく、プライシングに注意を払うべきなのは規制緩和された産業だけではない。そこから導き出せるモデルは、価格競争が激しい他の市場でも応用できる。たとえば、すでに競争原理が導入されている産業でも、構造的な変化や循環的な変動が起きた場合には、企業は値引きでシェアを維持しようと考えやすい。またｅコマースで、顧客獲得に苦戦しているＢ２Ｃ企業など価格に敏感なプレーヤーも、規制緩和に直面した旧独占企業と同じような誤りを犯しやすいものである。

プライシングは企業収益を左右する重要な要素である。しかし市場が自由化された場合、それまで独占的だった企業にとっては、商品やサービスに適正価格を設定するのが難しい。合理的な価格設定につながる四つの要素を誤解あるいは無視し、どんな犠牲を払ってでも顧客を手放すまいとして、自己破壊的な試みに走ってしまう。ここで、既存企業は厳しい教訓を学ばなければならない――価値を最適化するためには、顧客を失うこともやむをえないのである。

四つの要素を活用する

本文中では、自由化された市場のプライシングで考慮すべき四つの要素として、競合の価格、顧客のスイッチ率、カスタマー・バリュー、サービス提供コストを挙げた。しかし、商品やサービスの最適価格、すなわち収益性と長期的な財務健全性を確保できるような価格を設定するためには、これだけでは十分ではない。要素間の関係を見きわめ、それを最適な価格設定に反映させる必要がある。市場に新規参入事業者が現れたとき、既存企業はどの程度高めに価格を設定できるだろうか。筆者らが開発したモデルを掲げる。

第一に、利益（価格―コスト）を横軸にとり、需要曲線をプロットする。既存企業のサービ

図表8―3　最適価格設定モデル

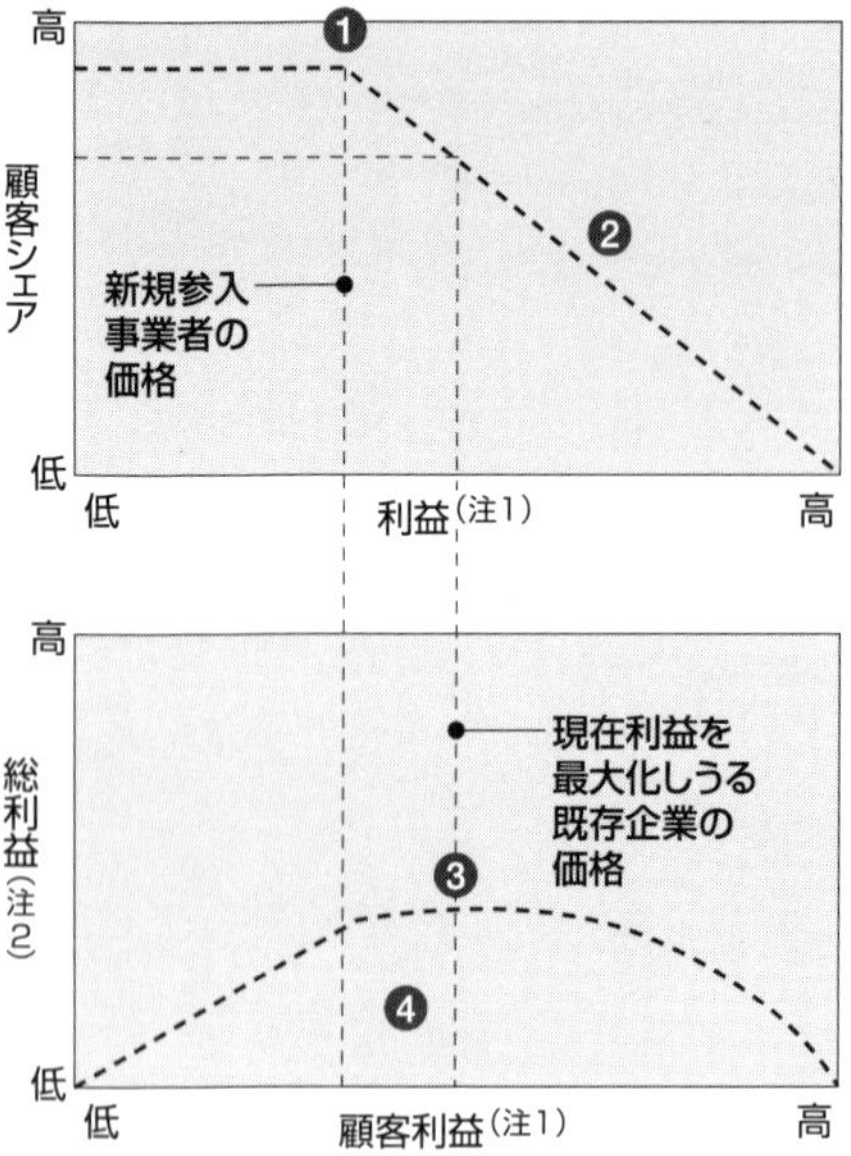

❶ 既存企業の顧客シェアは、価格が新規参入事業者を上回った時点で減りはじめる。

❷ 減少率はスイッチ率に比例し、乗り換える顧客が多いほど需要曲線の傾きは大きくなる。

❸ 新規参入事業者を上回る価格を設定し、ある程度のシェア低下を受け入れるなら、既存企業は現在利益を最大化できる。

❹ モデルにカスタマー・バリューを織り込むと、将来の総利益を最大化するような最適価格を導き出すことができる。この最適価格は❸の価格よりも低い。したがって、同じ利益を確保しながらより多くの顧客を維持することができる。

注1：価格―提供コスト
注2：利益×顧客総数

スに対する需要は、最も有力な新参事業者（必ずしも最も安い事業者ではない）の価格を上回るまでは一定である。上回った時点で需要は減少しはじめ、減少率はスイッチ率に比例する。つまり乗り換える顧客が多いほど、需要曲線の傾きは大きくなる。

第二に、顧客当たり利益（価格―コスト）を横軸、総利益を縦軸にとる。両極端では、総利益はゼロになる。つまり価格がコストに等しく利益がゼロのときは、いくら顧客が多くても総利益はゼロである。逆に価格が高く利益が最大になる場合にも、顧客はすべて乗り換えてしまうため、結局は総利益はゼロになる。この需要曲線をモデル化するのはさほど難しくはない。需要曲線をみると、競合の価格を示す線を越えたどこかの地点で総利益が最大になることがわかる。この点のとき、既存企業は総利益が最大になるような価格を設定でき、どうしても避けられないシェアの低下も許容範囲内に収まる。

ただし、現在の総利益を最大化する価格水準には、将来のカスタマー・バリューが織り込まれていない。将来のカスタマー・バリューとは、将来プライスプレミアムを持つことによって期待できる利益、クロス・セリングにより期待できる利益、乗り換えた顧客を呼び戻すためのコストなどである。こうした将来価値をモデルに織り込むと、現在より多くの顧客から上げられる未実現の利益が含まれるため、最適価格は押し下げられる。こうして導き出された最終価格は将来の利益を確保できる水準であり、同時に、現在の営業利益を確保できる水準にもなっている。

Chapter 9

The hidden value in postmerger pricing

合併後のプライシングに存在する隠された価値

マイケル V. マーン
ジェミー・モフィット
デニス D. スウィンフォード
クレイグ C. ザワダ

【著者紹介】

Michael V. Marnはマッキンゼー・アンド・カンパニー、クリーブランド・オフィスのプリンシパル、Dennis D. Swinfordは同オフィスのコンサルタント、Craig C. Zawadaは同オフィスのアソシエイト・プリンシパルである。Jamie Moffittはボストン・オフィスの元コンサルタントである。

【謝辞】

本稿で紹介する調査に協力してくれたジョン・アベル、オジェダイ・カラハン、セシリア・レッティグに感謝する。

本稿の初出は、*The McKinsey Quarterly,* 2000 No.4

The hidden value in postmerger pricing
The McKinsey Quarterly, 2000 No.4

合併や買収（M&A）は、現場から本社に至るまで、業務のあり方を一新するめったにないチャンスである。ただし、経営幹部、投資銀行、会計士、コンサルタントの大軍は、こぞって合併後のシナジー効果を狙っているにもかかわらず、価格戦略までは気が回らないようだ。おかしな話である。価格を少し変えるだけで純利益に多大な影響を及ぼし、合併によるシナジー効果に三〇%程度は寄与できるはずだ。

合併後の価格戦略はなかなか繊細な技を要し、細かい点まで配慮が求められる。顧客に提供する便益が相当程度改善されるのでない限り、全面的な値上げは問題外だ。そんな値上げには買い手がそっぽを向くし、規制当局によっても禁じられてしまう。

合併した企業に必要なのは、多角的に価格戦略を検討することだ。合併新会社の価格設定は、顧客に提供する価値の変化を適切に反映しているか。従来の値引き方針は、合併後も適切なのか。合併前の価格構造は、新しい業務方針や販売体制にマッチしているか。合併新会社の価格構造は、競合にどう受け止められるか。そして、新しい価格はいつから適用すべきか。

これらの問いに答えを出すためには、経営チームは価格戦略の細かい点まで目配りしなければならない。そして、その努力は必ずや報われるはずだ。

新しい価値に見合う価格を設定する

どんな企業においても、価格設定方針の究極の目的は、製品が提供する便益に対して買い手が払える限度いっぱいの値段をつけることである。ただしこの場合、競合が提供する便益との差が歴然としている（したがって値段も違う）ことが前提になる。合併を機に製品やサービスの質的改善、新たな価値や便宜の付加、契約条件の改善が実現するならば、それは提供便益を改善する好機と言える。

だが、実際にはなかなかそうはならない――少なくともすぐには無理である。合併後に営業部門や顧客サービス部門が協力・連携体制を整え、合併各社の製品をどのように売り込むかを決めるのはそう容易ではない。それでも、事前に見込んでいた以上のメリットやコスト削減効果があれば、値上げは決して不可能ではないはずだ。

たとえば一九九〇年代半ばに、クロス・ナショナル銀行（本章に登場する企業名はすべて仮名である）が地域銀行を数行買収し、自行の業務と統合したことがある。その結果、顧客は多くのメリットを手にすることができた。全米最大級となったＡＴＭネットワークを利用できるし、自己資本比率が引き上げられたので信用や安全性も高くなった。クロス・ナショナルは、こうした便益改善に見合う水準まで価格を引き上げるチャンスだと気づいた。そこで、買収先銀行の顧客にもこれらの便益が提供できるようになった時点で直ちに、価格設定方式をクロス・ナショナル銀行のプライシング・プログラムに一本化した。その結果、買収先銀行の収益性は改善され、しかも取扱量にはほとんど影響は出なかった。

しかし、便益改善に見合う価格を設定しそこなうと、合併を機に価格破壊が起きるおそれもある。たとえば九〇年代前半に、インターナショナル・コンプレッサがステート・コンプレッサを買収したケースを考えてみよう。ステートの製品はインターナショナルと似ているが、性能面でやや劣り、価格も少し安い。また、サービス・ネットワークや保証条件の点でも見劣りした。

合併して二系統に増えた製品ラインのサービス提供コストや管理費を切り詰めるために、インターナショナルはステート製品のサポートを行うサービス・チームを編成。同時に、保証条件やサービス提供範囲も一元化した。

しかしこのとき、ステート製品の価格を引き上げずに据え置いてしまう。するとたちまち、ステートの売上げが急増した。インターナショナルの経営陣はあわてふためく。

図表9－1　**価値は簡単に破壊される**

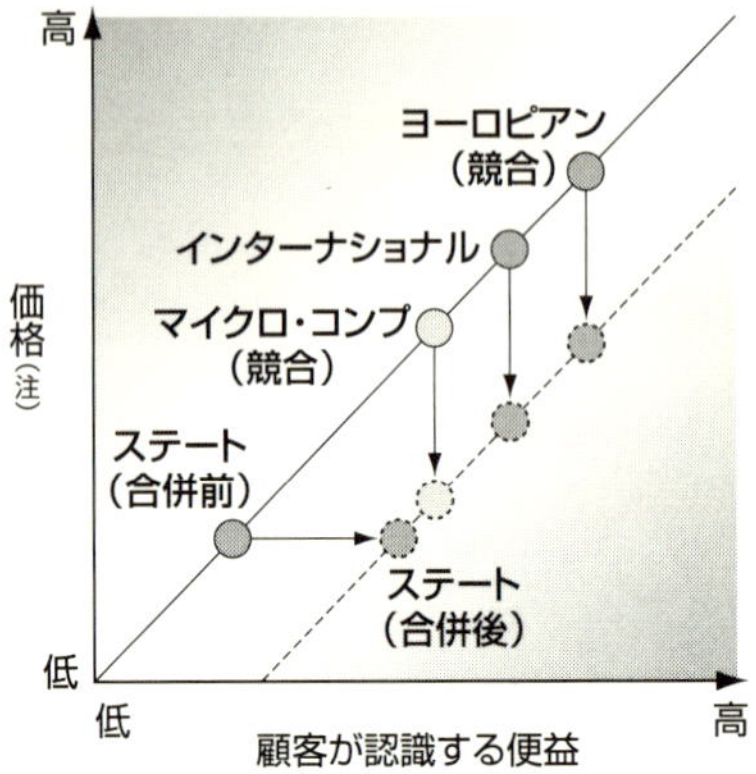

❶ インターナショナルは、製品の性能、サービス、保証条件でステートを上回っていた。

❷ インターナショナルがステートを買収。ステート製品をサポートするためサービス・チームを編成し、保証条件も改善した。しかしステート製品の値上げは行わなかった。

❸ ステートが提供する価値は向上し、インターナショナルのシェアを食う。シェアを脅かされた他社が値下げで対抗してきたため、業界の価格水準は7％下落した。

注：顧客が認識する価格も含む。顧客の価格観は過去の経験、クチコミ、その他各種情報によって決まる。

ステート製品は性能が劣りメンテナンス・コストが高くつくから、多少値段が安くてもインターナショナル製ほど割安ではない、というのが彼らの読みだったからだ。しかし実際には、インターナショナルによる修理サービスの提供や保証範囲の拡大により、ステート製品の不利は帳消しになってお釣りがきていたのだ。旧価格のままだと、ステートのコンプレッサは大変な〝お買い得商品〟となる。

　このようにステート製品に対して便益を下回る価格が設定されたせいで、インターナショナルはシェアを奪われた。そればかりでなく、競合であるマイクロ・コンプとヨーロピアンもシェアを食われる。そこで両社は値引きで対抗してきた。インターナショナルは、シェア確保のためには追随するしかないと判断。結局一年が過ぎたときには、コンプレッサ業界の価格水準は七％下落していた。また、合併後のインターナショナルの利益率は、合併前の半分まで落ち込んでしまったのである（図表9―1）。

割引きの重複を見逃さない

ある会社の価格構造を構成するのは、言うまでもなく定価だけではない。割引き、値引き、ボーナス、その他もろもろの要素が積み重なって、ようやく売り手が最終的に受け取る金額すなわち「ポケット・プライス」になる。(注1)

放っておくと、定価に比べて目につきにくいこれらの要素は簡単に膨れ上がってしまう。伝票上に記載されない伝票外の値引きは、一般に売上高の一五％かそれ以上に達するのだ。特に直販ではなく代理店や小売店経由で販売する場合に、伝票外値引きは膨らみやすい。また、合併した場合も注意が必要である。価格構造は会社によって違うのが普通だから、経営者は各社の価格構造をそのままにしておくとどうなるか、よく理解しておかねばならない。

最近合併した部品メーカーの例を紹介しよう。当初同社は、販売店向けの取引条件を一元化してもさほど意味はないと考えていた。価格構造がほとんど同じようにみえたからである。しかし、こまかくチェックすると小さな相違がいくつか発見され、それらが重なると大きな影響が出ることがわかった。返品手数料が無料扱いになる最低発注数量が違っていたし、現金払いに対する割引率も違った。それに、どちらの会社も最低発注数量を決めてはいたが、厳格に実行しているのは片方だけだった。さらに、特急注文の条件にも差があった。

合併新会社は、「どちらの割引方式のほうが適切か」という問題に直面した。そこでこの問題に対処すべく、両社の価格構造の比較を行うタスクフォースが設置された。現金払いに対する割引率の違いは、売掛金入金までの平均日数にどのような影響を及ぼすか。最低発注数量を厳格に運用すると注文パターンやコストにどのような影響があるか。これらの点について徹底的な調査を行った。調査結果を踏まえて、合併新会社は割引条件を一元化した。すると、営業利益率は二%も押し上げられた。

合併新会社の多くは、割引方式を顧客ごとにきめこまかく調べる手間をかけようとしない。おそらく、割引きが積もり積もって相当な額に達することに気づいていないからだろう。しかし、値引きはさまざまな現場で適用される。たとえば物流部門は運賃の割引きを顧客に適用する。一方、マーケティング部門は共同広告に対して協賛金を払う。これらが積み重なるうちに、値引きプログラム全体としてのコストはいったいいくらなのかがはっきりしなくなってしまう。合併前からの値引きプログラムがうっかりそのまま継続され、合併後の一切の売上げに適用されているケースさえある。

たとえばメーカー同士が合併したときに大口注文に対する割引きをそのまま残しておくと、注文をまったく増やしていない顧客にまで自動的に割引き特典が適用される結果になりかねない。ここでは、ある同じ小売業者に商品を卸しているメーカー二社、スーペリアとエリートの例を紹介しよう。どちらの会社も、年間取引高が二五万～一〇〇万ドルの顧客に対しては二％の大口割引きか相応の返金を行い、一〇〇万ドル以上の注文には四％のボーナスを出す。この小売業者はスーペリアから九五万ドル、エリートからは二五万ドル相当の商品を買い付け、各社から二％の現金割り戻しを受けていた。

この状況でスーペリアがエリートと合併。合併後も、ボーナス対象となる大口注文の基準はそのまま維持された。すると件の小売業者は、一二〇万ドルの注文に対して四％のボーナス（四万八〇〇〇ドル）をもらえることになる。一切注文を増やさずに、労せずして二万四〇〇〇ドルが懐に転がり込む計算だ。小売業者の側に不満があろうはずもない。合併で競争が減った分の見返りだろうと解釈したのかもしれない。一方、合併新会社の側は、合併が共通の顧客に及ぼす影響を見落としたせいで、うかつにも収益を喪失したことになる。

価格構造を活用して合併後の需要を喚起する

合併から大きな収穫を手にするためには、合併によるシナジー効果をプライシングと結びつける必要がある。たとえば最近合併した大手タイヤメーカーの場合には、マーケティングやマーチャンダイジングに関する両社の知識を活用して、新しい価格構造を導入した。合併新会社はワンストップ・ショッピングの利便性を販売店に提供できるし、マーケティングやマーチャンダイジングの面でも従来より強力なサポートを提供できる。

しかし価格構造を元のまま放置したら、販売店はこうしたメリットをちゃっかり享受しながら、相変わらずライバル会社から商品を買い付けるかもしれない。

そこで合併新会社はさまざまな割引き・値引きの類を詳しく分析し、より実績主義的なディーラー・パートナーシップ・プログラムを策定した。合併によって製品ラインが豊富になったことを踏まえ、全商品を取りそろえてくれる販売店を優遇するプログラムを提示したのだ。多品目を買い付け、かつ取引の大半を合併新会社と行う販売店には、かなりの報奨が約束される。こうなると、商品構成の点で見劣りする小規模な競合にはとても太刀打ちできなくなった。

最適な価格設定方針を練り上げる

同じような規模の会社が合併した場合には、重複する機能を切り捨てて大幅なコスト削減効果を得ることができる。だが、規模の大きい企業が小さい企業を吸収合併する場合には、重なり合う業務は少なく、規模の経済の面でもさほど得るものがない。しかしこのような非対等の合併にも、プライシング慣行・方針・システムを全社的に改善する貴重なチャンスが潜んでいる。

たとえば規模の大きな企業はプライシングに無神経で、長年のつきあいがあるというだけで取引先に割引特典を適用し、規模の小さいほうはポケット・プライスを構成する全要素を巧みに調整しているとしよう。この二社が合併した場合、小規模企業のほうのプライシング慣行を採用すれば、全社的に少なからぬメリットが得られる。しかし、もし大規模なほうが自社のやり方にこだわるようだと、合併の価値は大いに損なわれてしまう。

筆者らが調査したあるケースでは、大手の耐久消費財メーカーが補完的な製品ラインを持つやや小粒の企業を買収した。小さいほうの会社は顧客単位でプライシングを管理しており、顧客別に収益性を把握し、裁量的な値引きを厳しく制限していた。また、フィードバック・メカニズムも整え、顧客別に価格調整を行える体制をとっていた。ところが合併後は、大きいほうの会社のルーズでわかりにくいシステムが主流になってしまう。おまけに買収された小さい会社の営業部門は、それまでの厳格な管理のたがを外され、無節操に値引きや割引きをするようになった。このため、時が経つにつれ、会社の価値は大きく損なわれてしまった。

規模の大小を問わず、合併となれば社員の士気は高揚するものだ。この機を上手にとらえれば、社員の行動を無理なく変えることができる。いつ、だれが、どんなボーナスや割引きの適用を決めるのか。合併新会社の顧客情報は、だれが収集し分析するのか。合併は、社内のこうした価格設定プロセスを改善する好機と言える。

競争状況を周到に演出する

ある商品の最高価格と最低価格はおおむね需給関係で決まるものだが、最高と最低の間で価格が落ち着く地点は、業界内の競争に大きく左右される。そして業界各社の行動は、市場戦略（たとえば利益狙いか、シェア狙いか）によって、また戦略実行能力によって決まるほか、競合の意図や能力をどう認識するかによっても影響を受ける。

合併を契機に、合併新会社は当然ながら自社の戦略方針や能力の評価を行う。ただし、市場の競合相手もまた新会社をぬかりなく評価していることを忘れてはならない。合併新会社がマーケティング戦略やプライシングを変更すれば、それは直ちに業界全体の競争水準に影響を及ぼす。

まさにそのとおりのことが、ある耐久消費財業界で起きた。この業界では、トップ争いを演じるサイモンズとジェフリーが、時に破壊的な価格競争をしてまでシェア拡大を追求していた。両社は互いに相手の上得意客を横取りしようと躍起になり、また小売店と独占契約を結ぼうと画策。しかし、だいたいは無益な失敗に終わっていた。小売店の多くは、競合する複数のブランドを扱いたがるからである。そこでサイモンズもジェフリーも、たとえ強硬に値上げをしたとしても、結局はやむなく小売店向けに割引きを適用せざるをえなくなるのが常だった。

こうした状況で、サイモンズがジェリコに買収された。ジェリコはまったく畑違いの消費財メーカーである。ジェフリーは、この買収が競争に与える影響を調査した。その結果、ジェリコは利益重視戦略をとっており、滅多に価格競争には走らないことがわかる。この情報に基づき、ジェフリーは総代理店契約にこだわるのをやめ、二・五％の値上げをして利益率を引き上げる作戦に出た。またサイモンズの上得意客とわかっている相手をあからさまに口説くのも慎み、まっとうな交渉にとどめる。この作戦は当たった。ジェリコも追随して値上げをし、なおかつジェフリーの上得意客には手を出さなくなったのである。

好機を逃すな

販売店、顧客、社員、競合……だれもが合併で何かが変わることを期待する。だが、この期待は長続きしない。合併新会社の顧客も販売店もすぐに新たな取引条件や割引きに慣れ、これで新しい価格構造は定着したと考えるようになる。(注2)同様に、社員は合併後に導入された業務慣行やプロセスをすべて決まりごととして受け入れるようになる。

合併から時間が経つほど、価格を変えるのは難しくなる。合併シナジー効果の三〇%はプライシングで実現できることを考えれば、総合的な合併構想に価格戦略のあり方をはじめから組み込んでおくべきなのだ。それも、合併成立前から計画を立てるのが望ましい（章末の囲み「プライシングと反トラスト法」参照）。最近の調査結果をみる限り、合併で株主価値を高めるどころか、逆に破壊している例が多いのはきわめて残念なことである。(注3)

プライシングと反トラスト法

反トラスト法は、消費者保護の目的から、合併前に当事者が相手企業の価格構造を比較することを禁止した。だが、ここで取り上げる合併後のプライシング改善手法の多くは、法的には事前に着手することが許されている。

- 第三者機関で構成する独立チームを発足させ、合併を計画中の企業双方から競争情報を収集する。ただし集めた情報は、合併後でなければ開示してはならない。また、合併交渉が決裂した場合には、どちらの会社にもチームからのアドバイスなどは行わない。
- 合併を検討中の会社は、プライシングに関する自社のデータを合併前から集めて分析しておく。データ収集には非常に時間がかかるので、これをしておけば合併後にプライシングの調整が素早くできる。
- 重要度の高い価格情報や価格計算式の開示を必要としないような作業については、双方で合同チームを結成し、合併完了前から着手する。

合併プロセスの早い段階で、双方の価格設定方式や手続きの比較検討に必要な時間をとっておけば、合併成立後直ちに価格構造を改善できるはずだ。ただし、前記の対策が公明正大と思えても、必ず事前に顧問弁護士に相談されたい。

【注】

（1）Michael V. Marn, Robert L. Rosiello "Managing price, gaining profit" (*Harvard Business Review*, Sep-Oct. 1992, pp. 85-94)、邦訳「真実の取引価格〝ポケット・プライス〟による流通管理」『DIAMONDハーバード・ビジネス・レビュー』一九九三年一月号を参照。または本書の第三章を参照。

（2）値上げの理由が顧客に提案する価値の向上である場合を除く。ただし、消費者がその恩恵を実感するより前に価格を引き上げるのは賢明ではない。

（3）一九九八年に行われたマッキンゼーの調査によると、アメリカ企業の合併のうち五八％で株主価値が減少している。また三三％の案件では、合併二社の純資産合計が減少した。

Chapter 10

Ensuring successful implementation of pricing

確実なプライシングの実行に向けて

菅原　章

【著者紹介】

Akira Sugaharaは、マッキンゼー・アンド・カンパニーの東京オフィスのプリンシパル。

本稿は、本書用の書き下ろし論文である。

Ensuring successful implementation of pricing

実行に向けたボトルネック

これまで第二章～第九章を通じて、価格を創造するための基本的な考え方と具体的な手法を紹介してきた。これに基づき、いよいよ自社のプライシングのプランを練って実行していくわけであるが、その確実な実行は容易なものではない。プライシングを確実に実行するにあたっては、三つのボトルネックが存在する。

まず一つ目のボトルネックは、「実行への意思決定の躊躇」である。新たなプライシング・プランを作成してはみたが、リスクを意識しすぎてGOサインに踏み切れないというケースが散見される。

何度もくり返すが、プライシングは経営に対して非常に大きな影響を及ぼす。成功すれば瞬時にして多額の利益をもたらすが、失敗すれば逆に大きな損失を被ることとなる。プライシングにミスをすると、消費者・流通の購買行動に悪影響を与え、短期の事業収益の減少だけではなく、ブランド価値の低下を招くことで中長期での潜在事業価値の縮小にもつながる。

短期では、特に価格を上げる場合に、最も問題なのが流通からの反発である。価格を下げることで集客を目指す傾向の強い昨今の小売りは、いくら製品価値が十分であるからといっても価格引き上げには強い難色を示すことが多い。それでも強行して価格を引き上げてしまったら、それだけで採用されなくなったりもする。

また、ブランド価値に対して適切ではない価格の引き上げは、当然のことながら大規模な消費者の離反を引き起こし、収益への壊滅的なネガティブ・インパクトをもたらす可能性がある。

一方、社内に目を向けると、価格引き下げに対しては、とにかく「量」がはけるようになるので営業からはポジティブに反応されることもあるが、価格引き上げの場合は、トップダウンで強制的にやってしまうか、その真意を相当深く理解してもらわない限り、どの部門からも歓迎されることは少ない。特に、営業部隊としては売りにくくなることでデ・モチベートされ、価格戦略自体がいくら功を奏しても、営業活動によるプッシュ効果の減退など、プライシング以外の領域でのダウンサイドリスクは計り知れない。

また、ＥＤＬＰ（エブリデイ・ロー・プライス）といった価格崩壊に慣れ親しんでしまった組織には、価格引き上げという打ち手はかなりの違和感をもって受け取られるであろう。場合によっては経営陣の間でも十分な意見統一がなされないこともありうる。

中長期でみると、提供価値と価格の整合性を完全にマネージしきれないと、値下げにしろ、値上げにしろ、ブランド価値の維持はおぼつかない。たとえば、低価格設定の場合、ブランドが提供する価値の一部は価格低下とともに消滅しているということを明確にする必要があるし、また高価格設定の場合、価格上昇と同時に製品・サービスの提供価値を向上させない限り、価値と価格の関係に対して顧客からの不信感を買うことになり、ブランド価値そのものの危機となる。

こうした数えきれないリスクを目の前にして、少しでもそのリスクへの対応策が十分練れていないという認識があると、プライシングに関する迅速でシャープな意思決定は望めない。

二つ目のボトルネックは、「実行徹底の甘さ」である。ようやく実行の意思決定にまでこぎ着けたけれど、プライシング・プラン通りには徹底されないというケースは多数存在する。

たとえば、価格を引き上げる場合。製品の価値に見合うプレミアム価格にしてはみたが、結局は「量」ベースの市場シェアの維持に走ってしまい、営業現場の裁量により、耐え切れず価格プロモーションを敢行してしまう。これでは、元通りの価格に下がったとしても、一度値上げされたものがプロモーションとして「安売り」されたことになり、相対的に製品・ブランドの価値を下げてしまうことになる。最悪の事態である。

また、価格設定の背景を正確に顧客に伝達できていなかったために、プライシングのポテンシャルを最大に引き出せないでいるという事例もよく目にする。なぜ値下げしたのか、なぜこの価格で提供できているのかを顧客が納得できるかたちで説明することが重要である。「仕方なく値上げしたのです」とか「お客様が買いやすいように値下げしました」と言うだけでは駄目なのである。

ユニクロは、自らのコスト構造を明らかにすることで、高い質を維持しながらその価格で提供でき、しかも自社に利益を残せるということを、消費者、流通といったあらゆるステークホルダーに正確に説明することに成功している。それによって、ブランド力の低下を防ぎながら低価格での価値提供を実現した。「他のブランドより安いから買ってください」というコミュニケーションでは、消費者は納得しない。論理的な納得性がないと、逆に不信感を買うことにもなる。

一方、スターバックスは、ドトールとの倍近い価格差を、製品の質の高さ、空間体験による付加価値によって消費者に説明しきった。一切のマス広告を否定し、地域密着、店頭での顧客インターフェイスを核にした、正確で密度の濃いしつこいまでのコミュニケーションがそれを可能にしたのだ。「ブランドだから高い」という説明ではあまりに消費者を冒涜している。

プライシング実行の不徹底は、組織スキルの問題だけではなく、戦略実行のプロセス、仕組み上の不具合からくることが多い。

新たなプライシングを実行しきるためには、プライシング活動の徹底を促すように組織のインセンティブ、評価の仕組みを修正したり、価格と価値の微妙な関係をきっちりと伝達しきれるかどうかという観点で顧客コミュニケーションのプロセスを再構築する必要もあろう。

最後に、三つ目のボトルネックは、「他の施策との不整合」である。新しいプライシングを開始し徹底もしたが、本来、一体不可分でなくてはならないプライシング以外の他のマーケティング施策、企業戦略との整合性が弱いため、結局プライシングの潜在的インパクトを最大化できていない、あるいはプライシングの継続が困難になるというケースである。

まずは「攻略市場（Where to compete）」の観点でいうと、価格を変えるということは、ターゲットとする顧客セグメント、満たすべきニーズなどを変えるということにほかならないが、必ずしもそれができていないケースのほうが多い。

たとえば、価格破壊への対応として価格を引き下げたとする。値下げというと、たいがい、既存ターゲット顧客に対するプロモーションという位置づけで、競合ユーザが自社と競合を比較する際の単なるアピールとして行ってしまいがちだ。しかしながら、これではその潜在インパクトをすべて取り尽くしているとは言いがたい。価格帯を下げるということは、既存ターゲット顧客セグメントに加え、ターゲット・セグメントを拡大できることであるという認識が必要である。実際には一つ下のセグメントへ参入することができるのだ。

次に、「攻略方法（How to compete）」の観点であるが、攻略市場の変更に伴い、価格以外の施策も積極的に整合させるかたちでシャープにしていくことが求められる。単なる値下げではなく、別のセグメントに参入するのだ、という認識に立つと、製品そのもの（パッケージを含む）、コミュニケーション手段など、価格だけではなくすべてのマーケティング施策の一貫性を確保しなくてはならない。これを怠ると、価格戦略のポテンシャルのすべてを享受することができない。

また、企業戦略としてみると、価格引き下げの場合、これに合わせたサプライチェーンの再構築が必須となる。この必要性を甘くみると、シェア争いのために価格を下げたはいいが、利益の確保ができず、価格戦略そのものを継続できないこととなる。

こうした、価格以外の打ち手との不整合、一貫性の欠如は、組織内での戦略に対する情報共有の悪さ、その必要性への認識の希薄さに起因するが、単なる掛け声や意識づけといったソフト面での対応で解決できる課題ではなかろう。ここでもその解決のためには、プロセス、仕組みといったハード面での対策が必須である。

ボトルネックの排除のために

では、こうしたボトルネックを解決して、プライシングの実行を確実なものとするためにはどうすればよいのだろうか。そのためには、以下の六つのポイントを十分理解し実現していかなくてはならない。

❶プライシングの目的の明確化

プライシングは、あくまでマーケティング手段の一つである。それ自体が目的になってはいけない。必ず解決すべき課題、すなわちプライシングの目的があるはずで、まずはそれを明確にしなくてはいけない。

たとえば、価値と価格の関係を調査分析して、現状の製品・サービスの価格が顧客への提供価値に比べて低すぎると判明した場合、「価格・価値の不均衡」という課題を解決するという明確な目的のもと、価格引き上げを行うことになる。

そのうえで、この目的に沿って、他のマーケティング施策を定義していけば、容易に施策間の一貫性を保つことができ、価格変更のインパクトを最大限獲得することができるようになる。

また、このように客観的な根拠をもとにプライシングの目的が明確になっていれば、価格を上げることによるリスクに二の足を踏むという際も、それがもたらす成果がクリアになっているため結果として意思決定もシャープになる。

❷プライシング・プラン立案プロセスの標準化

プライシングの意思決定が鈍る、また実行が徹底されない一つの原因は、それが値上げにしろ値下げにしろ、提示されている新たな価格の方向性に対して自社内での納得感が足りないことにある。いくら促されても、その必要性の強さを納得し、その成功確度を相当の自信で理解しない限り、戦略の内容を判断、実行できるものではない。これは、価格提案のプラン自体の質に大きく左右される。

本書で提示したいくつかのアプローチに従ってプランを作成するにあたり、その質を上げるためには、価格提案、価格決定のためのプロセスを規定し、チェックポイントを設け、それに従って確実に実行したかどうかの評価が必要であろう。各ブランド・マネジャーが規定通りの分析を行い必要な検討を加えたかどうかを、製品戦略を議論するプロセスの中で確認するのである。

経験上、こうした検討作業のうち、ブランド・マネジャーによってその質の差が激しいのは、分析を行うために必要な情報の収集活動である。使用する情報は最新、詳細かつ正確であることが求められるが、これまでのマーケティング・プランニング活動のなかで価格設定にはそれほどの注意を払ってこなかったため、その分析のための情報収集のインフラは不十分であることが多い。一般に価格に関する顧客調査は難易度が高いという認識から、ほとんどなされていないケースが非常に多い。

❸プライシング実行前の周到な準備

プライシングのリスクを少しでも軽減するためには、その実行の前にさまざまな工夫を行うことが必要である。

まずは、テストマーケティングによる「パイロット」である。マーケティング施策のうち、プライシングだけは、顧客調査による机上の検討だけではその方向性を正確に導き出すことが非常に難しい。顧客調査で用いるアンケート自体にしても、一連の設問中、少しでも価格に関する質問がなされた段階で、その後に続く設問への回答の正確性が大きく損なわれるといわれている。対象製品・サービスが安いか高いか、という漠然とした認識が思考のなかに浮かんだだけで、対象となっている製品・サービスが「安いもの」か「高いもの」かという思い込みを前提とした回答となりバイアスがかかるのである。最もポピュラーで、確度が高いといわれるのはコンジョイント分析であるが、これとて状況設定一つでまったく異なる結果になってしまう。

だからといって、こうした机上の検討をまったく行わなくてよいというわけではないが、これだけでは十分な準備とはいえない。特に、経営的に重要な製品・サービスの場合、大きな投資をしてでも、プライシング施策の方向性、他のマーケティング施策との整合性などをより高い精度で設計すべきである。それを実現できる唯一の方法が、実際にあらゆる条件を現実世界のものと同等に設定したうえでマーケティング活動を展開する「パイロット」なのである。

また一方で、プライシングがうまくいかなかった際の「コンティンジェンシープラン」を厳格につくりこんでおくことが必要である。たとえば、高価格設定のケースを例にとると、プライシング実施後、売上げが計画を下回った際、それが計画に比してどの程度の不足なら価格是正に踏み切るべきか、またどの程度の不足ならもう数カ月その価格を継続すべきかなどを、事前に決めておくのだ。プライシングという施策の特性上、問題が起きてからその都度検討しているようでは間に合わない。また、生じた問題に対してどのような対策をとるべきかという意思決定も、備えがないとその都度迅速に行えるとは限らない。事前に論理的に生じうる現象をあげつらい、それへの対応策を論理的に設計しておくことが必要である。

❹実行のモニタリングの徹底

たとえプライシングによって計画以上のパフォーマンスを示したとしても、それが長期間継続するとは限らない。価格と価値の関係は、顧客のニーズの変化、競合の動きとともに大きく変化する。最初は期待通りでも、競合が自社のプライシングに追随してくれば競合優位は消滅するかもしれないし、顧客が新しい価格設定のインパクトに慣れてしまっては、特に価格を下げた場合、逆にリスクになるかもしれない。あるいは、期待通りの業績といってもそれが一〇〇%プライシングによってもたらされたものかどうかわからない可能性すらある。

こうした状況に対応するためには、新たなプライシングの成果を逐次モニターする仕組み、体制の構築が必要となる。

まずは、どのような情報をどのような期間で収集するのかを定義する。週別、月別の自社・競合を含めた市場価格の推移、それと連動した量ベースの市場シェアの推移、同期間における消費者の価格への満足度など、そう簡単に入手できるものばかりではないが、少なくともこれくらいはないとプライシングの成果を正確に把握できない。

情報を把握した後は、それを分析し意味合いを抽出したうえで、前述の「コンティンジェンシープラン」に沿った対応策を検討しなくてはならないが、プライシングの経営に与えるインパクトの大きさを考慮すると、こうした分析、議論の一連の取り組みは、担当ブランド・マネジャーの責任範囲を超えたものとすべきだろう。経営陣を巻き込んだ検討プロセス、体制づくりが必要となる。

❺プライシングマネジャーの導入

個々の製品・サービスのマネジメントをするブランド・マネジャーは、セグメンテーションやターゲット消費者に訴求するコミュニケーション・メッセージを作成する際には、消費者ニーズから発想した慎重で手厚い検討を行うが、価格政策に関しては、単純な競合との比較や流通の意向のみを意識して決定してしまうことが多い。リスクを負いたくないためか関心が薄いためか、ブランド・マネジャーはどうしても価格へのアテンションが低くなる傾向にある。どのマーケティング・プランを見ても一番最後に書いてあることが多いくらいだ。値決めは「営業」の仕事だと決めつけているマネジャーもいる。

また、ブランド・マネジャーは、自分のクリエイティブな工夫（セグメンテーション、メディア・コミュニケーションなど）によって、多くの消費者を惹きつけたいという自然なモチベーションがかかり、「売上げ＝価格×量」という単純な方程式を忘れてしまって、「量」ベースの市場シェアを向上させることに専念しがちでもある。

こうした状況では、とても確実なプライシング実行のマネジメントは望めない。価格提案、価格決定、また、実行のモニタリングといった重要な取り組みに関しては、場合によってはブランド・マネジャーの資質にはそこまでを求めず、ブランド・マネジャーを超えて、マーケティング部門の外に「プライシング・エクスパート（マネジャー）」を設置することで、強引に、しかし確実に行うことも検討すべきだろう。

❻トップマネジメントのコミットメントの確保

これまで何度か申し上げてきたが、プライシングは単なるマーケティング施策の一つではない。ブランドコンセプトそのものといってもよいだろう。あらゆるマーケティング施策、経営方向性に影響を及ぼすため、個別の決定権限の枠のなかでは局所最適となってしまい、タイムリーに大胆に意思決定することは不可能である。

リスクがあって当然であり、それを承知で包括的な意思決定を行うことが求められる。効果的と目されるプライシング・プランに関しては、その実行を前提として、リスクを最小化するための方策を考えるというのが筋である。

こうした観点から、超部門、超個別業績の視点で判断できるトップマネジメントのインボルブメントは絶対的に不可欠である。また、実行を徹底させるためには、並大抵の働きかけでは難しい。「今年の経営課題はプライシングだ」と言うくらいの組織に対する掛け声がほしい。

以上の六つのポイントは、自社のプライシングを実行されるにあたって一度はチェック項目的に洗いなおしてみることをお勧めする。

どのようなマーケティング戦略、企業戦略でも同じであるが、いくら優秀なプランをつくったところで、確実に実行されなければまったく意味がない。企業としての資源、アテンションをいま一度「実行」の担保に集中してはどうか。

編著・監訳者紹介

山梨広一（やまなし・ひろかず）

マッキンゼー・アンド・カンパニー ディレクター。東京大学経済学部卒業。スタンフォード大学経営大学院（経営学修士）修了。富士写真フイルムを経て1990年マッキンゼー・アンド・カンパニー東京支社入社。小売・消費財グループ、および自動車・アセンブリグループのリーダーの一人。成長戦略、合従連衡、マーケティング、組織変革、オペレーション改革などのプロジェクトに従事する。主な著書に、『ニューグロース戦略』（共著、NTT出版、1997年）、『マーケティング・プロフェッショナリズム』（共著、ダイヤモンド社、2002年）などがある。

菅原　章（すがはら・あきら）

マッキンゼー・アンド・カンパニー プリンシパル。京都大学工学部卒業。同大学院修士課程修了。1992年マッキンゼー・アンド・カンパニー東京支社入社。ヘルスケアおよびマーケティング研究グループのリーダー。事業戦略構築、マーケティング戦略立案、組織設計、および企業合併後のマネジメントなどを中心としたプロジェクトを実施。主な著書に、『マーケティング・プロフェッショナリズム』（共著、ダイヤモンド社、2002年）、『ビジネス分析による問題解決法』（日本能率協会マネジメントセンター、2002年）などがある。

訳者紹介

村井章子（むらい・あきこ）

翻訳者。上智大学文学部卒業。三井物産を経て英語・フランス語産業翻訳者として独立。経済・経営関係を中心に、新聞・雑誌掲載論文を主に手がける。月刊誌『DIAMOND ハーバード・ビジネス・レビュー』（ダイヤモンド社）に翻訳協力。主な訳書に『マッキンゼー 戦略の進化』『マッキンゼー 組織の進化』『マッキンゼー 経営の本質』『駆け出しマネジャー　アレックス　リーダーシップを学ぶ』（ダイヤモンド社）などがある。

マッキンゼー プライシング
体系的・科学的「価格創造」で価値を利益に転換する

2005年2月 3 日 第 1 刷発行
2017年2月15日 第 6 刷発行

編著・監訳者　山梨広一／菅原章
訳　　　者　村井章子

発行所／ダイヤモンド社
http://www.dhbr.net
郵便番号　150-8409
東京都渋谷区神宮前　6-12-17
編集　03 (5778) 7228
販売　03 (5778) 7240

編集担当／DIAMONDハーバード・ビジネス・レビュー編集部
製作・進行／ダイヤモンド・グラフィック社
印刷所／加藤文明社
製本／ブックアート

ISBN4-478-50238-2 Printed in Japan